JN228883

マンガでわかる
東大勉強法
現役東大生 西岡壱誠
作画 ひなた水色

はじめに

「勉強は、好きですか？」

そう質問をすると、多くの学生は「NO」と答えます。

「やらないでいいなら、やりたくない」「そもそも勉強したって、社会に出てから役に立たないでしょ？」

こんな回答をよくもらいます。実際に僕も、中学生や高校生のときにはそう思っていました。「勉強、イヤだなあ」と。

でも、本当に、勉強ってつまらないものなんでしょうか？　勉強しても何の意味もないのでしょうか？

僕はもともと、東大合格者ゼロの学校で、偏差値35の学年ビリでした。そこから高校3年生のときにひょんなことから東大を目指すことになり、2浪の末、東大に合格した人間です。

人生の中で、あれだけ本気になって頑張った経験なんて、おそらく最初で最後なんじゃないかなと思うくらい一生懸命勉強し、東大に受かることができました。

そして、受験勉強の経験を振り返ってみて思うのは、「勉強、楽しかったな」ってことです。受験勉強のおかげで人生が変わったと本気で思いますし、勉強がすごく楽しかったと心の底から思います。

この本は、そんな想いから生まれた1冊です。「東大に合格するための勉強法」ではなく、「勉強がどんどん楽しくなって、受験だけでなく人生が面白くなる」過程と、その方法をみなさんに紹介します。

今後、受験勉強というのは大きく変わります。

2020年度からの入試改革によって、「社会に出てからも役立つような」問題が課されることになります。これまでの、たくさんの知識を暗記する入試ではなく、より思考力を問うような、もっと本質的な勉強が求められるようになるのです。

これを怖がっている受験生もいると思いますが、大丈夫です。「より勉強が楽しくなる」だけです。社会に出てからも活用できるような内容が増えて、より世の中と結びついた問題が出題されるようになるだけなのです。

そして、それは東京大学が70年前から入学試験で課していたことでもあります。だから、２０２０年度からの入試を攻略するための一番手っ取り早い方法は、東大入試を知ることなのです。

僕自身、もともと偏差値35だったヤツなので、これから紹介する勉強法が難しいわけありません。どんな人間でも本気で頑張れば東大に合格できる、その方法をみなさんにお伝えしたいと思います。

受験を楽しみ、そして結果を出す。この本がその手助けになれば幸いです。

マンガでわかる 東大勉強法 もくじ

Chapter 5

科目別攻略ガイド

Chapter 6

いいヤツになれ！

巻末付録

主な登場人物

森島拓海
（もりしま・たくみ）
公立・杜山東高等学校に通う高校生。弓道部。天真爛漫な性格。部活はサボりがちで、勉強も苦手。あることをきっかけに、「東大」を目指すことに。

西倉矢恵（にしくら・やえ）
拓海のクラスメイトで中学校からの友人。弓道部。面倒見がよく、負けず嫌いな性格。成績は学校内では上位で、英語が得意。昔から拓海に恋心を抱いている。

石山 雫（いしやま・しずく）

私立・啓真女子高等学校に通う。全国大会常連校の弓道部主将。拓海と矢恵の先輩で、当然のごとく東大志望。芯が強く、目標を見失わない模範的メンター。

須藤錬二郎
（すどう・れんじろう）
啓真女子高等学校・弓道部の外部顧問。弓道八段（範士）。東大卒。温かく、包容力のある理想家。

森島秀道
（もりしま・ひでみち）
拓海の弟。小学6年生。几帳面な努力家。超難関の中高一貫校を目指して勉強中。

Chapter 1

目標は東大（てっぺん）に立てろ！

木村
佐々木
杜山東高等学
高松
96点
高松すげえな
やっぱ頭いいなー
ふふーん♪
さすがだなっ
次 手島
あっ！ごめん 森島君！
僕のテストが森島君の机に〜☆
おっとっと
ドカカカッ
ゼッタイわざとだ！
なんてイヤミなっ

あ
起きた

……
杜山東高校　１年
森島拓海

西倉
ムキーッ
たた…
あ西倉さん
ふぁ〜
92点
すごいよ西倉さん！
おお〜
頑張ったな
はい！
えっと…

あ! そっか
furniture（家具）は
「s」つかないんだった…
杜山東高校 1年
西倉矢恵
森島
へーい
ふあ～
凡ミスだ…

お前はもっと
頑張れ
ぽすっ
へい

うわ…

見なかった
ことにしよう
す…
チラッ
どうだった?

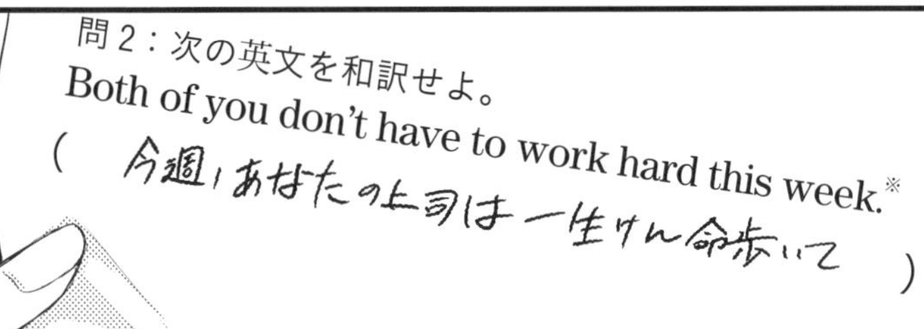
問2：次の英文を和訳せよ。
Both of you don't have to work hard this week.※
（ 今週、あなたの上司は一生けん命歩いて ）

※問題文の正解は、「あなた達は二人とも今週は頑張って働く必要はない。」

いいよなあ
西倉は何でも
よくできて
そ そんなこと
ないけど
国語も数学も90点
以上だったんだろ？
完璧じゃん
だから一緒に
勉強してあげる
っていつも…
ま 俺は
テキトーに
やるけど
……

おのれ
乙女心を…
ひょい
あっ

高松君
ぷふっ

お前マジかよ？
「work」が歩く⁉
そりゃ
「walk」だよ！
中1英語だぜ
森島く〜ん？

あはは
あーっ よかった〜 俺 森島には 勝ってる！
かぁぁ
ああっ
下には下が いるんだなぁ
もういいだろ 返せよ！
ばっ
おっと ごめん ごめん
安心したー
くしゃ…
騒がないで ほらっ 高松 席に着け
はーい
明日見直しするから 解答用紙は 問題と一緒に持って くるように
はーい
やっぱり 鈍ってる だろうなぁ

試験休みで
2週間ぶりだもんね
そんな
変わらないって
くいっ
少なくとも
俺は
もともとあんま
練習してないし
さむっ
ヒュー
帰って
ゲームしたい
ぶるっ
ダメ！

失礼します
ペコ
ちわーす
どよ―――ん…
お…
おす…
お　これで
全員そろったな

すっ
あれだよ
どうしたんすか
テストダメでした？
お前と一緒に
しないでくれる？
ずいぶん暗い
はは…
あの人達は？
啓真女子の
弓道部の子達だ
あ
須藤先生
うちの弓道場が
改修されることに
なってね
近所のよしみで
しばらくこちらの
弓道場をお借りする
ことになったんだ
啓真女子高校
弓道部顧問
須藤錬二郎

こちら顧問の
須藤先生
深々。
お世話になります
よろしくお願いします
なんと
範士八段だぞ
八段!?
こ、こちらこそ
すごいの?
?
審査で
取得できる
最高段位よ!
弓道部
でしょ!?
啓真女子は
範士八段の顧問に
全国大会の常連校
かたや段位なしの顧問に
的中率1ケタの我が校
この差!!
えっと……
紹介しておきますね
森島は段位も
知らねえじゃっ
お前…
先生
ガンバってよ
主将の石山君です
何かあれば
彼女に言ってください
石山雫です
啓真女子高校　2年
弓道部主将
石山 雫
石山君
ちょい
ちょい
はい

美人…
なめっっに
準備ができたらみんなにも挨拶をさせて
石山君が声出しして準備運動から一緒にやらせてもらいなさい
はい
伸ばして…
え…そんなことするの？
首…
えっと…
前に
組みかえて…
こうか？
ストレッチもまともにできないなんてね
クス
ひそ
ジャージで練習するレベルだもん
的もキレイだったよ
クス
……
うちもちゃんと準備運動したほうがいいよね
やらなくていいよ～
ほ～
雫さん…

森島君
部活やる気
ある？
いやあ
あんまり
ぷふっ
だって俺
この部活　カッコ
だけで入ったし…
そこ！
静かに！
ビクッ
やばっ
しゅん…
キョトン…
つか
つか
何だったの？
わかった
そうしなさい
ペコ

申し訳ありませんが
今日は稽古はできません
私達が整っていませんでした
その代わり
これから使わせていただく弓道場を掃除させてください
ざわっ
えっ
何か？
いえ…
あなた達 先ほどから失礼ですよ？
何を奢っているのですか
私達は ご厚意でお邪魔しているのですよ？
うう…

さぁ掃除をしましょう
はーすご…
あの…

掃除道具や雑巾をお借りできませんか？

は
はいっ
持ってきます！
ばっ

ど　どうぞお納めください
ありがとうございます

あれが文武両道ってやつか……

俺　西倉のこと
結構すごいと
思ってたけど
そ
そうかな
全っ然
まだまだだな！
ベチャッ
ブンッ
フンッ!!
ははは

何すんだよ！
森島君だけには
言われたくないわ
ほら
私達も
掃除するよ

君達　石山君が
気になるのかな
どう？
彼女　いいだろ？

はいっ
すごく！
こらっ
そういう
意味じゃ
ないんだけど

いや…そういう
意味か
？

君はどうして
弓道を始めたの？
走らないでいいし
文化部みたいに
頭使わなそうだし
あと見た目カッコイイ
こらこら
正直すぎ
つまり　ここに
こうしているのは
消去法の結果って
わけか
まあ
そうですね
でも　みんな
そんなもんじゃ
ないですか？
みんな？
周りの人……
受験とかバイトとか
俺はやってないけど
なるほど
行けそうな高校を選び
自分でもできそうな
バイトをして…
全部消去法で
決めるって
わけか
進学も？
就職も？
まあ
君は？
私は…
頑張っていい点を取るとか
弓も少しでもうまくなるとか
そういうの大事だと
思いますけど…
志望する大学って
もう考えてるの？

一応…
科目の少ない私大に
行こうかなと
マジで⁉
もう決めてるんだ
え
普通でしょ？
そうなの？
うん
普通だ
普通すぎて
生ぬるいんだよ
えっ⁉
二人は1年
だろ？
この時期
志望校なんて
東大しかないいん
じゃないかな

すごそうな
先生だったね
志望校は
東大って…

「同じ高校生
違うのは意識だけ」
……かあ

部長さんは
何か目標って
あるんですか？
目標？
何の？
もちろん
全国優勝です
つまりこの人は
「普通」じゃない
ってこと？
えっと
じゃあ部活のを
ああ
全国…
…優勝ですか
出場ではなく？
でも 前の大会
啓女は確か……
はい

団体も個人も全国大会には出場すらできませんでした
え？
だったら全国大会出場を目標にすれば…
それでは意味がないのです
どうしてですか？

目標とは頂点(てっぺん)に立てるものですから

まず　頂点を目指すことを決める。次に　どうすればそこにたどり着けるのかを考える

それが一番成長できるというのが須藤先生の教えなのです

だから部活においては全国大会優勝が目標です

えっ じゃあ
志望大学は…
はい
東大です
とっ
いやぁ
俺らとは
違うなぁ
大学には行かずに
就職するのですか？
いやまぁ
どっかテキトーなとこ
受かればいいかな……と
学生も減ってるから
どこも入りやすく
なってるらしいし
短い期間ながら
互いに切磋琢磨する
よいご縁だと
思っていたのですが
はっ
ご縁！
そういう
意味じゃない
それは
残念ですね
でも俺ら
普通の公立だし…
私は
「意識」の話を
しています
意識？
「知識」を問う
時代は終わり
今は「意識」を
問う時代です

意識をどう持つか
それが自分の未来のカギを握る
時代なのです
須藤先生の受け売りなのですが…
今の位置がどこなのかではなく　最終的にどこを目指しているか
それを分かち合えるなら一緒によい稽古ができると思っていたのですけれど…
なんつうか格が違うよな
1コ上なだけで……

東大に合格しようと思ったらうちらなんてやること山積みだよ
だからいいんだろ?
最高の目標があるからすべてが学びになるし積極的になれる
って石山さんも言ってたし
偉そうに…
他人事で

東大ロード
心得その１

目標は「てっぺん」に定めよう。「あり得ない！」と思うくらいの高い目標を持つことで、勉強に熱くなれる。努力を努力に感じなくなる。

でもさ　プロのスポーツ選手とかも初めから「プロになる」って決めてたって言うよな
うん
ビジネスで成功した人達も「これで世の中を変える」みたいに最初から思っててがむしゃらにそこに向かっていったって言うし
みんな同じ人間だって言うんだろ？あの人達は
うん……
東大に行こうかなぁ

え？
東大に行く！
人生変えてみたくなった！
ぐっ
本気!?

うん
俺は東大に行く！
東大ロード
心得その2
東大に入るための最大のポイントは「東大に行こう」と思うこと。意識が変われば行動が変わる。明日が変わり、未来が変わる！

……東大

初めて言ったよ
ぶる、
なんか 体が熱くなってきた！

うおーっ！行くぞーっ東大ーー!!
待ってよ森島君！

Chapter 1-1

熱い受験が人生を変える！

「自分を信じる」その一歩を踏み出そう

さて、軽い気持ちで「東大を目指す」と言ってしまった森島君。はたして彼は、東大に合格できるのでしょうか？

森島君が本当に合格できるかどうかはわからないのですが、「東大に行く！」と口に出してみることで、彼は大きな大きな一歩を踏み出しました。**この一歩を踏み出せるかどうかで人生が変わる、大きな一歩。**

それは、**「自分を信じてみる」ということ。**意外とこれができなくて、最初の一歩すら踏み出せずに終わっていくのです。

みなさんは、「東大なんて無理に決まって

「東大に行く！」と言ってみることからすべてが始まる！

るじゃん」『work』と『walk』の違いもわからないようなヤツが東大に行けるわけない」と森島君のことを笑いませんでしたか？　そして、自分に置き換えて考えてみても、「やっぱり東大とか行けないよ」「自分なんかには無理だ」と初めから諦めてしまうかもしれません。

これが、須藤先生の言うところの「普通すぎて生ぬるい」高校生です。最初から自分の可能性を信じず、消去法で「行けそうな学校」を選んでほどほどの未来を夢見る、そんな「普通すぎる」学生。大多数の高校生はこうして、自分の可能性を捨てて、「行ける大学」しか目指さないのです。

でも、消去法で将来を選ぶとか、カッコ悪くないですか？　大学を目指すのだったら、一番高い目標を持って、熱い受験をしてみたいと思いませんか？

高い目標を持って、それに向かって頑張ってみる。その過程で、人間的にも成長する。大学受験は、そういう機会として利用するのが一番なんです。

「なれま線」という幻想を飛び越えろ

ここで、ちょっと僕の話をさせてください。僕は、小学校・中学校とずっと学年ビリでした。成績は最下位で、いじめられっ子で、運動神経もなくて、何をやってもダメな学生でした。

勉強していなかったわけではありません。でも、何の目標もなかったので、ただ時間だけをムダにする勉強をしていました。「とりあえずテスト前だから机に向かわなきゃ」と思うけど、全然身に入らなくて成績は上がらず、『work』と『walk』の違いもわからない。そんな学生生活を送っていたのでした。

高校に入っても僕は、森島君みたいに、「まあ、大学には入りたいけど、どこでもいいや」と軽く考えていました。行けるところならどこでもいいし、ダメでもそれが自分の人生なんだから、それでいいやと普通に考えていました。そんなときに、僕は担任の先生からこんな話をされました。

先生　「人間は、ある1本の線で囲まれているんだ」

僕　「線……ですか？」

先生　「そうだ。誰の周りにも、見えない線が引かれている。なんて名前の線かわかるか？」

僕　「うーん……」

みなさんは、わかりますか？

先生「この線の名前は、『なれま線』と言うんだ」

僕「……ダジャレみたいですね」

先生「そうだな。でもこの線は、確かに存在しているんだ。例えばお前、幼稚園や小学校に行っていたとき、何かなりたいものはなかったか？　サッカー選手とか、野球選手とか、宇宙飛行士とか、なりたいものがあって、やりたいことがあって、頑張ればきっとできると思ってたんじゃないか？」

僕「……そうかもしれないです」

先生「でも、大人になるにつれて、こういう夢はどんどん消えていくんだ。宇宙飛行士にはなれそうもない。サッカーはもっとうまいヤツがいる。野球は才能がないらしい。そうやって、『なれない』ものが増えていく。すると、ずっと向こうにしかなかったはずなのに、自分のほうにどんどん『なれま線』という線が近づいてくるんだ」

僕「……」

先生「西岡。お前は、今その線がすごく近くにあって、自分の領土が小さくて一歩も動けなくなっているヤツだ。でも、そんな線は幻想なんだよ」

僕「幻想？」

先生「人間は、何にだってなれるし、何だってできる。やろうと思えば、なれないものなんてないんだ。ただ、やろうとしていないだけなんだ」

このとき、僕は「なるほど！」とめちゃくちゃ納得してしまいました。確かに僕は初めから線を引いて、そこから向こうは「なれない」と決めつけ、その線の内側で自分の将来を決めていました。そして、その線を飛び越えようとはしてこなかった。僕はこの言葉をキッカケに、東大を目指すようになりました。「なれま線なんてないんだ。だったら、てっぺんを目指してみよう」と、そんな風に考えたのです。

さて、森島君は、この「なれま線」を越えて、大きな一歩を踏み出しました。多くの学生はその線を、幻想であるにもかかわらず飛び越えられません。

みなさん、はっきり言いますが、ずっとこの線の内側にいるままだと、一生後悔しますよ。

森島君と雫先輩には、何の違いもありません。須藤先生も、西倉さんも、大企業の社長も、宇宙飛行士も、プロの野球選手もサッカー選手も、僕も、そしてみなさんも、何の違いもなく、同じ人間です。**違うのは、「なれま線」を越えられるかどうか、その「意識」の差だけ**なのです。

東大を目指すとすべての大学入試に有利

「能動的」が学力を伸ばす

雫先輩は「知識を問う時代は終わり、今は意識を問う時代だ」と語っていました。この「意識」というのが、**「できないことを前提とした消去法ではなく、自分から能動的に目標を設定できるかどうか」**です。

安全策に逃げず、自分を律することができるかどうか。高い目標を持って、それに向かって頑張ることができるかどうか。「能動的に学ぼうとする姿勢」があるかどうかを問われるのが、今の社会なのです。

「能動的」というのは、**実は学力を伸ばすうえですごく重要になる要素**です。

みなさんも経験があると思うのですが、先生や親から「勉強しなさい!」と言われてイヤイヤやる時間って、全然身に入らないですよね。それよりも、「勉強しよう!」と**自分の意思で行った勉強のほうが、何十倍も効果を発揮します。**

これは、どんな物事においても言えることです。スポーツでも仕事でも、何でもそう。能動的な、自主的な行動のほうが、結果がともなうのです。

AIロボットが東大に合格できないわけ

今、社会は大きく変化しようとしています。

AIの研究が進み、近い将来、人間の仕事の49%がAIやロボットに取って代わられると言われています。今ある仕事を10個思い浮かべたとして、約半分がなくなってしまうことが明らかになっているのです。それこそ、「将来はほどほどでいいや」と線の内側にいる人はみな、49%側に回ってしまう可能性が高いでしょう。

そんな中、数年前までとあるプロジェクトが進行していました。「ロボットは東大に入れるか?」ということを研究する「東ロボくんプロジェクト」です。

結論から言うと、このプロジェクトはうまくいきませんでした。現在凍結中ですが、「やはりAIやロボットでは東大に入ることができない」と言われています。

ではなぜ、東ロボくんは東大に合格できなかったのでしょうか。

東大をはじめとする難関大学の入試問題は、知識量を問うことはしません。**丸暗記では対応できない、自分の頭で考えないと解けない問題**を多く出題します。「問題文から与えられたヒントを読み解いて、それを用いて答える問題」や、「すごく簡単な知識だけど、その知識をうまく活用しないと解けない問題」が出されているのです。

東大の総長は、このような試験問題を**「最低限の知識量を前提として、その知識をどう活用するかを問う問題を出題している」**と語っています。つまり、「知識を自分で活用する能力」を重視しているのです。

ただ他人から言われたことを覚えているだけ、丸暗記だけでは、知識量を問う問題にしか対応できません。でも、**自分の頭で考えて、物事と向き合ったり知識をうまく活用しようと考えることは、非常に能動的な行為**です。

ＡＩやロボットにはこれができません。ただ知識を知識としてしか吸収せず、自分の頭で考えることができない。能動的に思考することができないのです。だから東ロボくんは、未だに東大に入れないのです。

今後重要なのは「知識量」ではなく「思考力」

「勉強しなさい！」と言われてイヤイヤやったり、「まあ、このくらいの大学でいいか」としぶしぶ勉強していると、「知識量」を問う問題は解けても、東大のような「知識を活用させる」大学の問題は解けません。そういう人は、自分の頭で考えていないからです。でも、目標を設定して、自分の頭で考えることが習慣になっている人は、「知識を活用する」ことができます。

「意識を問う」とは、まさにこういうこと。「知識を活用させる」ことで、「学生にきちんと意思があるかどうか」を試しているのです。

そしてこれは、何も東大に限った話ではないのです。

2020年の入試改革と呼ばれる大きな試験問題の変化が起ころうとしています。これは、**「知識量」を問うこれまでのセンター試験が、「思考力」を問う問題へと変わるというもの。**つまり、ほとんどの受験者が受けなければならない試験が、「知識ではなく意識を問う問題」になるということ。**東大が70年間ずっと問い続けてきたテーマと全く一緒**です。

だからこそ、東大を目指している学生なら、2020年からの入試にも余裕で対応できてしまうのです。

Chapter 1-3

目標は常に高く、一番を目指せ！

とりあえず「一番」を目指すことが大切

雫先輩はまた、「目標は一番上に設定しておくほうがいい」と語っていました。

これは、どんな分野においても、とても重要な言葉です。**「受験でも、部活でも、とりあえず一番を目指しておくことが大切」**なのです。

それが実現可能だろうが何だろうが、「一番」が目標であれば妥協しなくなります。東大を目指している人が、それよりも偏差値の低い大学を目指している人より成績が悪くていいやとは思いませんよね？ きっと「自分は東大を目指しているんだから、彼らよりいい成績が取れるように頑張らないと！」と思うはずです。**自分に妥協せず、簡単なほうへ流されないようにする。**これがすごく重要なのです。

結局、高い目標を設定したほうがいい結果もついてきます。人間というのは、60点を目指したら50点に、70点を目指したら60点になってしまうものです。逆に、70点を目指して勉強していた人が100点を取ることがあると思いますか？

そんなことはないはずです。初めから目標が低いと、そのために自分

勉強でも部活でも、頂点を目指してみよう。

の可能性を狭めてしまうものです。高い目標をクリアしようと最後まで頑張れた人が、100点を取ることができる。

目指さなければ、可能性はゼロのままです。とりあえず目指して、一生懸命やってみる。そうやって妥協しないで頑張ってみれば、そこには必ず「能動性」がついてきます。自分の頭で考える自主的な姿勢が身についてくるのです。

高い目標こそ人を成長させる

また、**目標があると人間は頑張れます。**

例えば、「どうして勉強なんてやらなきゃならないんだ!」とか「気分が乗らない……勉強する気にならないなあ」とか、モチベーションがなかなか上がらないときがあると思いますが、それは勉強に対して目標がないからです。

目標がないから勉強する気にならない。でも、「東大に行く!」という大きなモチベーションがあれば、「頑張ろう!」という気になれるはずです。

そして雫先輩が言っていた通り、これは「意識」の問題です。部活でも勉強でもそれ以外の何かでも、高い目標を持ってする努力は、自分自身を成長させてくれます。

「努力なんてカッコ悪い!」「ほどほどでいいじゃん」と思う人もいるかもしれません。

というか、たいていの高校生はそう思うでしょう。

でも、何の努力もせずに生きていけるほど、この世界は甘くありません。それに、勉強は他の分野に比べて努力の結果が見えやすいと言われています。**勉強を頑張れば、「努力の仕方」がわかる。努力の仕方というのは、他の分野にも応用できる**ものなのです。

雫先輩は、部活も勉強も本気でやっていました。それを「文武両道」という言葉で表して、「すごい人だ」と一言で片づけてしまうのは簡単です。

でも、実はそうではないのです。彼女はきっと、「努力の仕方」を学んでいる。勉強でやっていることを部活にも活かしているし、部活でやっていることを勉強にも活かしている。だからこそ、「文武両道」なのです。片方を捨てないと片方が得られないというものではなくて、ちゃんと両方とも高い目標を持って頑張るからこそ、得られる何かがあるのです。

高い意識を持って勉強しているかどうか、部活に取り組んでいるかどうか。それが最終的に、どんな分野でもものを言うのです。

Chapter 1 のまとめ

自分を信じて一歩を踏み出せば、その後の人生が大きく変わる。まずは**「東大に行く！」と口に出してみよう。**

とりあえず**目標は「東大（てっぺん）」に立てよう！**　そこに向かって頑張ることで、積極的になれるし、人間的にも成長できる。

2020年度から**「知識量」ではなく「思考力」を問う**試験に変わる。丸暗記ではなく、自分の頭で考えて解くことを重視する東大入試の対策をしておけば、どんな大学入試にも対応できる！

Chapter 2

「要約」が最高の勉強法

カッ
雫さん
森島君
あなたに伝えたいことがあるんだ
あら何ですか？
実は
俺 東大に受かったんだ
まあすごい！
私の先輩になるんですね！

森島君すごーい！
なでなで
やるな森島！
なで
やるときはやる男だと思ってたよ！
ぺたっ
カッコい〜っ
ぺた
なで
すごーい!!
クーン
ぺた
カッコい〜
ぺろ
クーン
ぺろ
すごーい!!
クーン
ぺろ
クーン
ぺろ
ワンッ
フゴッ

…お前
なめた？
モカだよ
すごい体勢で
寝てたよ？
寝言まで言ってたし…
そういや
雫先輩は1コ
上だった…
ごしごし
あー
せっかくいい夢
見てたのに～！
どうせ しょーもない
夢でしょ？
拓海の弟・小学6年生
森島秀道
東大に
受かる夢
……まあ
夢は自由か
何も言うまい…
あ ヒデも
ピザ食うだろ？
けっこう冷めちゃったけど
僕はいいよ
兄ちゃんが
寝てる間に
晩ごはん
作ったから
相変わらず
仕事が早い
兄ちゃんが
寝すぎなだけ

たまには自分で作ったら？
いい気分転換になるよ
えーっ
出前のほうが楽だろ
母さんもそのつもりで金置いてったんだし
ドン
お前だって自炊だと大したもの…
今日の晩ごはん
自炊スキル高!!
こいつ本当に小学生か？
まあ兄ちゃんに気分転換は必要ないか～
何だよその言い方
コト
別に～
カッツン
ちょっと兄ちゃん
またマンガが床に落ち…
って
高1の教科書!?
ピシャーン

誰の⁉
矢恵さんが来てたの？
きっと困ってる届けなきゃ
地理
いや
俺の
嘘だ‼
失礼な‼

だって兄ちゃん
教科書なんて
一度も持って帰って
きたことないじゃん

ホンット失礼だな！
俺だって家で
勉強くらいするって
ムッ
返せよ、
パシッ
どういう風の
吹き回し？

フンッ
バンッ
聞いて
驚くなよ
俺は
東大に
行くんだ‼

えっと…
東大には○○線で
××まで行って
乗り換えは……
そういう意味
じゃなくて！
あー…
だから地理の
教科書…
え？ もしかして
受験して合格する
って言ってんの？
それ以外
ないだろ！
行くだけなら
行けるわ！
………
兄ちゃんが
と東大ー⁉
ぎゃははは
だははははっ
無謀っ‼
東大って！
ぷる
ぷる
ぷる
……おい
ギリィ…
腹筋つった
腹たつ…
大学に行けるか
どうかもあやしい
人が……
だって
これが東大を目指す
人の暮らし？
今は休憩中だっ
数学1

どうせ　かわいい子が
東大を受けるから
自分も行きたい～とか
そういう動機でしょ？
…うるさいな
目指すのは
自由だろっ
図星
かよー!!
ギャハハハハ
ばん
ばん
ほっとけ!!
まあ
的を狙って
弓を引かない限り
矢はあたらない
わけだからね
ふー
んなこと
わかってるよ
それで教科書
散らかし…
読んでたんだ
世界史
東大は基本が
大事なんだよ
確かにね…
じゃあ　問題
出すから勉強の
成果を見せてよ
えっ
世界史
ヨーロッパで
中世の後に訪れた
「再生」を意味する
文芸・思想・芸術の
運動を総称して
何と言う？
え？
総称？
代表的な
人物は？
あの…
ルネサンスが
起きた経緯および
ルネサンスを経て
誕生した思想上の
大きな流れとは？
え？
えー…

えーっと…
モカ
ごはん食べよ
わん
……と
……
東大受験に
丸暗記は
通用しないよ
わ　わかってるよ！
これからだよ！
7時になりました
ニュースを
お伝えします
どうかな
兄ちゃんは
見えているものしか
見ていないからな
どういう
意味だよ
別に
僕のジャマは
しないでね

1−2
アイツ……ちょっと出来がいいからって偉そうに！
ぷふー、
ムリムリ～もし合格できたらお兄様って呼んでやるよな～
ぐぬぬぬ…
森島君変なオーラが出てるよ？
と言っても中高一貫の超難関校を目指してるヤツだしな
侮れん…
森島が百面相してる…
とにかく今は皆のレベルに追いつくことが先決だ！
フンッ
池崎！よそ見するな
次読め
私っ!?

キーンコーン
授業どうだった？
バッチリだぜ
へ～どれどれ
ふんふんキレイに書けてるね

さすが
目指すところが
とうだ…
ストーップ!!
何よ
声がでかい！
皆にバレる
だろ!?
昨日は大声で
言ってたくせに
これは秘密の
プロジェクト
なんだから
誰にも言うなよ？
しーっ
2人だけの
秘密ね
お、おう…

本気なんだね
当然！
とりあえず
今は授業を
しっかり聞いて
勉強してる
自分を当たり前に
するんだ！
うん
いいと思うよ
ちなみに
私のノートは
こんな感じ
おお
カラフル

ほー
それはいい心がけだ
ですよね！
学校の授業を疎かにせず100％活かしきることは勉強に対する姿勢として基本中の基本だ
ほっ
よかったね
「予備校や塾でやるからいい」と学校の授業を軽く見る人がいるが時間を有効に使うという観点からも私は感心しないな
俺塾行ってたらそのタイプだ…
森島君ノートを見せてくれるかな？
あ、はい

ほ～キレイに書いているねえ板書をしっかり写したみたいだね
授業の内容はどのくらい覚えてる？
えーっと…重要項目の名前くらいなら……
じゃあ
ここに今日の授業内容を書き出して私に説明してくれ
ぴらっ

そんなの無理に決まってるじゃないですか!!
ムリムリ
どうして?
だって…
じゃあ君は?
えっ
…と
君達…授業を「受けるもの」だと思ってないか?
うんうん
……え?授業は受けるものですよ?
それじゃあ授業の時間がもったいない
「授業は獲りに行け」
私ならそう言うな
君達はせっかく授業を受けたのに私に何も説明ができなかった
それじゃあ授業を受けていないことと変わりなくないかい?
それは…
でも聞かれれば答えられることもあります

じゃあ
「あそこが難しかった」
「面白かった」とか
そういう会話も
大事ってことですか？

うん

あと
質問し合うことも
すごくいい。
印象に残って後々の
勉強に役立つよ

ということは先生に聞きにいっても…
うんいいね
この「授業を要約」は科目以前の能力を鍛えるトレーニングとしてオススメだよ
お金もかからないしね
あるいはすべての科目に通じる「国語力」の鍛錬になるとも言えるかな
東大ロード
心得その4
国語力を高めることがすべてに通じる。自分の言葉で短く言い換えられるようになって初めて「理解した」と言える。この「要約力」が高まると、すべての成績が急上昇するはず！
「学んだことは必ず後で役立てよう」そういう意識で最初から受け取るから情報が血肉になるんだよ
サボりたおしてた過去の自分がはずかしい…
森島君でもそんな感情あるんだ
ん？
「要約」勉強法は彼女も随分頑張ったよ
……!!

うーん…
うーん…
国語はすべての基本だまずは国語力を鍛えるといい
今の君にはそれだけで十分だ
国語なんてフィーリングじゃないのかよ――!!
ムギャアアアアア
そんなわけないだろ
ペラ
ばっ
ヒデ
もしかして要約の練習?
「ばっ」てなにさ
わっ
うっさいな! そんなに言うなら俺に教えてみろよ!!
真っ白じゃん
始めたばっかなの!
3時間前からやってるでしょ?
小学生の弟相手にムキになんなって!

弟に教えろって…
プライドはないの？
んなもん
捨てたわ
この人大丈夫かな…
けっ

授業とか本の内容を
要約するのは
ちょっと早いんだよ
大きな
お世話だよ
当たってるけど…
「要約する」って
ことにも慣れないと
いけないからさ

まずは兄ちゃんの
好きなことで
やってみたら？
例えば
これの何が
面白いとかさ

面白いんだって！
やればわかるから
そんな時間ないよ
バグとかロード
待機とかだるいし
協力プレイもできるから～！
はい、コントローラー
バッサリ

ふ　ふふふ……
いいだろう
このゲームの面白さを
お前に教えてやるよ

後で部屋に
行くからな!!
フハハハッ
ガンバってねー
楽しみにしとけよ!!
ちょっと
煽りすぎたかな

ただいまー
あらっ
おかえり
22:17
スカー
やだ！拓海ったらまたこんなところで寝て
風邪引くわよ？
ペラ
キーワードがうまく拾えてる
この人やればできるんだよな
スカー
拓海
ゆさ
起きなさい拓ちゃん
ゆさ
東大ロード
心得その5
要約は、キーワードをうまく使って説明することを意識しよう。つまり、授業や読書ではキーワードをピックアップして、全体の流れを把握することが大切。
好きなものや得意なものから自分のレベルに合わせて始めれば…ね
ムニャ……とうだい……
スカーーッ
でも今からでしょ？
本気じゃないよね？
兄ちゃんいわくムリゲーってやつでは？

カッ
カッ
もう一度言うと
この結論の
ところが……
カッ
カッ
今2回説明した！
大事ですよって
ことか！
この説明の部分も
おさえておいた
ほうがいいぞー
つまり　試験に
出るぞってことか

要するに
――
――
つまり作者が
言いたいのは
――
反対に
――
――
見える
見えるぞ～

キーワードを
意識すると
流れが見えて
くるんだ！

今日も
森島が
百面相を
している…
なるほどー

Chapter 2-1

「アウトプット型」勉強で成績は上がる！

要約こそ最高の勉強法

森島君、頑張っていますね。とりあえず素直にやってみるというのはすごく重要なことですが、みなさんの中にはこう思った人もいるのではないでしょうか。

「要約するって、本当にそんなにいい勉強法なの？」

そうですよね。短い文で内容をまとめ直すなんて大変ですし、意味のあることだとすぐには思えませんよね。でも、実はこの「要約」という勉強法は、東大に合格する人のほとんどがやっていたことなのです。授業で教わったこと、本で読んだことを要約してみる。これこそ、**結果が必ずついてくる勉強法**です。

なぜ、要約が最高の勉強法なのか？　どうすれば簡単に要約できるようになるのか？　この章では順番にそれを説明していきます。

まずみなさんに質問しますが、頭がよくなる瞬間っていつだと思いますか？授業を受けているとき？　参考書を読んでいるとき？

両方違います。正解は、「アウトプットしたとき」です。

授業はアウトプット前提で聴け！

授業を受けたり、参考書を読むという行為は「インプット」と呼ばれます。情報を「頭の中に入れる」ことですね。

逆に、情報を**「頭の中から取り出して外に出す」**ことを**「アウトプット」**と呼びます。そして**勉強においては、インプットよりもアウトプットのほうが重要**なのです。

一番わかりやすいのは、**問題を解くという行為**です。自分の頭の中にある知識を取り出して解いていくわけですから、問題を解くのはアウトプットの一つです。それ以外にどんなアウトプットがあるか、わかりますか？

身近な例で言うと、**質問すること**もそうです。自分の頭で考えて、疑問を見つけて、それを聞く。これも立派なアウトプットです。

そして**最大のアウトプットが「要約」**です。自分が学んだことを、他人にかいつまんで説明する。これができる学生は、必ず成績が上がります。

では、なぜアウトプットをすると、成績が上がるのでしょうか？

これは、須藤先生が言っていた「授業は獲りに行け」というセリフに理由があります。授業は、ただ受けているだけでは流れていってしまうものです。Ｔｗｉｔｔｅｒのタイムラインと同じで、「いいね」をしたり「ＲＴ」をしないと、必要なときにその情報は見つけづらくなってしまいます。

「授業を受ける」を英語では何と言うかというと、「listen(聴く)」でも「hear（聞く)」でも「accept（受ける)」でもありません。「take a class」と言います。「take」＝「取る」、つまりは「能動的な行為」です。**授業というのは、本来は「能動的に」取らなければならない**のです。

「授業を受ける」
＝
「take a class」

本来は能動的な行為！

いくらいい授業を受けても、いくらいい参考書を読んでも、みなさん自身が「何かしら学ぼう」とする姿勢がないとうまくいきません。自分の意思で能動的に何かをしなければ、「取りに」行かなければ、結果にはつながらないのです。

この「取る」という行為が「アウトプット」には不可欠です。ただ授業を聞いているだけではインプットにすぎませんが、アウトプットをするためには、**自分の頭の中で理解して、納得していることが大前提となります。**

脳もアウトプットを求めている？

アウトプットがいい理由はもう一つあります。それは、**人間の脳のメカニズムからも有効な勉強法**だと説明できるからです。

人間は忘れる生き物です。一昨日食べたごはん、電車から見えた鳥の羽の色など、何でもかんでも覚えていたら脳がいっぱいになってしまいますよね。だから、人間の脳はあらかじめ多くのことを忘れるように作られています。授業も、ただ聞いているだけでは、脳に「忘れてもいい情報」と見なされてしまうでしょう。

そんな中で脳が、「この情報を忘れたらやばそう」と判断するのは、「アウトプットする情報」です。

例えば、友達から「家の都合で明日休むから、どんな授業だったか教えて！」と言われたら、きっと頭に残るはずです。「後から説明しなきゃ！」という気持ちで聞くと、脳も「この情報は忘れたらやばいな」と考えるのです。

また、テストが近づいてきたときの授業の内容だけ覚えていることはありませんか？それは、単に直近で教わったことだから覚えているというのもあるでしょうが、「テストに出る」と意識して授業を聞いているために、脳が「忘れたらやばい」と判断するからなのです。

人に説明することやテストは、全部「アウトプット」です。**アウトプットを前提にしてインプットすると、脳への残り方が全然違う**のです。

Chapter 2-2

東大生がみんなやっている勉強法

「人に説明する」＝要約

　東大生がみんなやっている勉強法、それは「人に説明する」ことです。自分が勉強した内容を、誰かに説明したり、先生のように講義をしてみたり、人から質問を受けたりして、友達と学びを共有するのです。

　その中で、うまく説明できなかったり、友達が「それは

「後で人に話すつもりで聴く」
授業はそういう意識で臨むことが重要なんだ

「一言でどういう授業だったか」を説明してみよう。

よくわからない」と言ったポイントに関しては、完全には理解できていない弱点である可能性があります。その弱点を克服すればさらに成績も上がる。**インプットしきれていないところを、アウトプットすることでもう一度覚え直すことができる**のです。

そして、人に説明するために東大生がやっているのが「要約」です。授業の内容をいちいち全部は覚えていられないですし、一字一句違わずに説明することなんて不可能です。それよりも、ポイントだけかいつまんで、**「要するに一言でどういう授業だったか」**を教えてもらうほうが、聞く側にとってもわかりやすいでしょう。

「一言で短くまとめよう」とするのは、この勉強法をやっていく過程で東大生が見つける、飛び抜けて効果のある一つの必勝法です。

だからこそ、東大生は長い話を嫌います。ノートにも最後に「まとめ」と書いて、自分が重要だと思ったことを一言で要約しておいたりします。

マンガの「主人公」を探せ！

人間というのは、**「一言で言うと、要するに何なのか」を頭の中で組み立てられた瞬間、一気に記憶への残り方が変わる**ものです。

例えば、マンガでも小説でも、登場人物全員が物語の中心にいることはありませんよね？　超重要人物である主人公がいて、一度しか登場しないモブキャラもいる。**要約というのは、「主人公を見つける作業」**です。主人公だけに注目していけば、だいたいのストーリーがわかる。主人公を見つけて、その主人公の動向を追っていくことで、物語の内容が理解しやすくなるのです。

これと同じで、要約をするには**「重要なポイントは何か」をおさえる**必要があります。「どこが重要なんだ？」と考えながら授業を聞いたり本を読んだりすると、アウトプットのためのインプットができるようになるのです。

「マンガの主人公はわかるけど、授業や文章の重要なポイントなんてよくわからないよ！」と思う人もいるかもしれませんが、そんなことはありません。マンガの主人公を探すのと、授業の重要なポイントを探すのは、そう大差ないのです。主人公さえわかってしまえば、あとは簡単に要約できます。

東大の入試問題は要約が必須！

「要約力」というのは、入試でも非常に重視されます。

例えばこんな問題を見たことはありませんか？

『次の①〜④のうち、文章のまとめとして適切なものを選べ』

古今東西、「文章のまとめとして適切なものを選べ」「この文章にタイトルをつけるならどれ？」というような国語、英語の長文問題ってとても多いですよね。

それは、**「要約のできる人は、文章を読める」**ということがわかっているからです。「文章のまとめ」ができる人なら、文章も理解していると見なされます。こうした問題は、先ほどの「主人公」が見極められる人なら簡単に解けるのです。

そして「要約」の問題を非常に多く出題する大学の代表例が、東大です。東大の入試では、国語や英語はもちろん、それ以外の科目でもこの能力をガンガン問うてきます。

数学入試の文章は国語の問題のように長く、その文章の中から問題を解くうえでのヒントとなる「主人公」を探さなければいけません。数学においても、ヒントを「主人公（起点）」として問題を解いていく、という要約力が必要なのです。

要約力が向上すると、成績もガッと上がっていきます。今日からぜひ実践してみましょう！

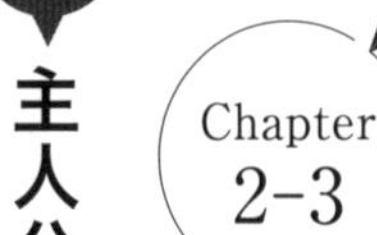

Chapter 2-3

要約のワンポイントテクニックを覚えよう

主人公は変装しながら何度も出てくる！

なぜ要約が一番効率のいい勉強法なのかを知ってもらったところで、実際に「主人公」を見つけるテクニック、要約をするために必要な最大のテクニックを紹介します。

いいですか、何度も出てくる人、物をあやしんでください。**とても簡単に言ってしまえば、登場回数の一番多い人物（ワード）が主人公**です。授業でもマンガでも、一回しか出てこないキャラが主人公なんて、絶対あり得ないですよね？

登場回数が一番多いと言っても、何度も何度も同じ言葉が出てきているようには見えないかもしれません。

でも、実際には度々登場しているのです。私たちがすぐに気づかないだけで、**主人公は変装しながら文章の中に潜んでいます。**

例えば、この章の「主人公」は何だかわかりますか？

……「要約」ですよね。僕はこの章で「要約」という言葉を何度使ったかわかりません。
中には「でも『アウトプット』ってあるじゃん」『説明』は違うの？」と考えた人もいるでしょうが、実はそれはトラップです。それらのワードは、「要約」という主人公が何度も変装して現れている姿なのです。
今回僕は、「人に説明する」ときは「要約」が必要だよ、と言いましたが、これは「説明」という言葉が「要約」という主人公に変装している姿だと解釈することができます。
また、アウトプットの勉強法として一番効果的なのが要約だよ、と言いましたが、これも「アウトプット」という言葉が「要約」の変装だと考えることができます。
このように、文章の中で何度も出てくる言葉やそのバリエーションを探すことで、主人公を簡単に見つけられるのです。
「要約」は、やればやるほど点数につながります。今日の授業、最近読んだ本、マンガでもゲームでも何でもいいので、どんどん要約していきましょう！

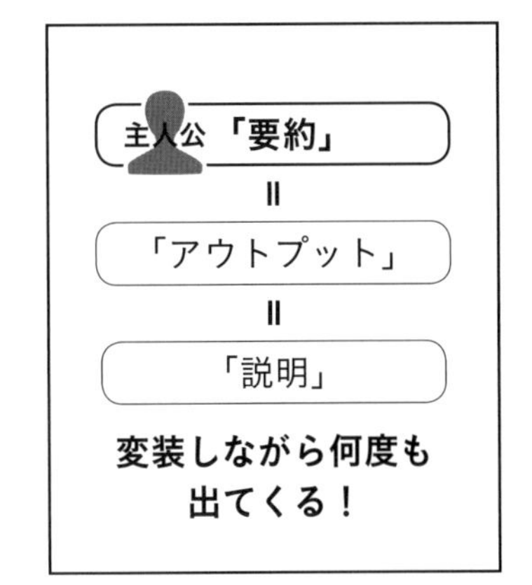

Chapter 2のまとめ

アウトプット前提で授業を聴こう。**「要するに、一言でどんな授業だったか」を人に説明してみる。**うまく説明できなかったら、完全に理解できていないのかもしれない。

「要約」は主人公を見つける作業。**登場回数の多い主人公（ワード）をピックアップする**ことで、重要なポイントが何かがわかる。

「要約力」が高まると成績もぐんと上がる！　**授業や本の内容、マンガやゲームなど何でもいい**ので、白紙やノートに要約してみよう。

Chapter 3

考えるよりも動け！

カップル多いな〜
クリスマス・イヴだもん

私達も周りにはそんな風に見えるのかな
んーないな
……

ね ねえ参考書買ったらごはんでも食べて帰らない？
俺はいいやゲームしたいし
あっ そう

なんでこんなのを好きになったのか…
ボソ
イラァ…

何か言った？
別に

高校参考書
高校参
物理基礎問題集
倫理・政治・経済センター試験問題集
チャート式数学
古文要点
今ごろ雫先輩は全国大会か〜

雫先輩勝てるといいな〜
雫・先輩!?

弓道は結局自分との戦いだし雫先輩ならいい線いくはずだけど
知った風な口を……
イラ
イラ
イラ
西倉もそう思うだろ?
ムダ話しないでさっさと参考書選べば?
えっ…
バッ

受験のための
勉強法
俺達は次の段階に入ろうとしていた
何かキゲン悪い…?

須藤先生に教わった授業内容の要約トレーニングはだいぶうまくできるようになっていた

おかげで授業の復習はけっこう完璧
定期テストではかなりいい点を取れるようになっていた
森島
89点
おお
なに!?
期末試験結果
英語 現文 古典 数学 生物
51 68 72 52 89
78.1 72.3 65.2 81.3 79.
合計
平均
ま、それでも暗記が中心の科目だけだけど…
これからは予備校の模試の結果も上げたいし全部基本からやり直さないと――
やさしそうなのあったら教えて
すっ
これなんかどう?
よい子の えいご
薄くてやりやすそうだよ?
バカにしてない?
わりと本気だよ
じゃあこれは?
うーんなんか見た目につられるっていうのはなぁ
こっちは?シリーズになってて少しずつ進んでくよ
金かかりそう…
わがまま
だって決め手が…

大山書店
結局
買えなかったね
ウィーーン

金あるから
ス●バ行かね？
えっ

だっ
ダメだよ
西倉だって
さっきメシ
誘ってきた
くせに
ぶーっ
あるから
使おうって
考えが
ダメなの！
…はい

参考書買うって言って
もらった金だしな
ムダ使いできないか…
ホント英語って
やること山積み
なんだよな
単語・文法・長文・
リスニング……
いろんな勉強法の参考書が
たくさんあったもんね
あ！
それと数学
方程式・関数・図形……
俺は全部中学レベルから
戻ってやらないと

ヘタすりゃ
小学レベルから…
理科も社会も
科目ごとに整理して
覚えていかないと
ヒデのほうが
頭いいかもミ
はーっ

うわっ
終わりが
見えねえ……
ずーん
そりゃそうだよ
東大行くんでしょ？

去年まで
俺は浮かれる側
だったのに……
ぽんっ
一緒に頑張ろ
これも青春

等学校弓道選抜大会

「引分け」は
よし…
ぱっ
早い!!
狙いすぎて
乱れたか…
石山君
中てようとするから
中らないのだ――

えっ
的から外して負けちゃったの？
…はい
ちょっと言い方！
あーでも慣れない会場だもんなあ
ドン
いえ　条件は皆同じです言い訳はありません
ただ私の修業が足りなかったのです
どうかなあ
その通りだ
これが全国レベル…
足踏み
胴造り
弓構え
打起し
引分け
会
離れ
そして残心——
弓道とはこの射法八節をくり返すだけの道
相手に合わせて作戦やフォーメーションを選んだりする競技とは違う

平常心で
ただ最高の自分で
とにかく射る
やるべきことは
それ以上でも
それ以下でもない
ちょっと
その言い方
キツくない
ですか？
いえ
先生のおっしゃる通り
「うまくやろう」としたことが敗因です
あの…
欲を出した
せいで自分に
負けたって
ことですか？
その通り
「結果が欲しい」
と石山君はあのとき
どこかで感じてしまった
それが雑念となり
先走った
は－っ
わずかな
高望みが矢を
逸らしたのだ
課題が
見つかったん
だから 次に
つなげよう
はい！
ぽん
あそこだけ
青春してる…
私たちも
稽古しよ

ヒュッ
全国大会……か
ドッ
くそっ
言われたでしょ平常心
だって外れるとやっぱ悔しいだろ?
前はそんなこと言ってなかったじゃない
俺だって成長するんだよ
あーっまた外れた!!

何が違うんだ？
肘の動き？
姿勢？
ここからじゃ
わからない…

無駄がない!!

肘じゃない
肩だ
肩甲骨で
引いてる…！

何か
見えましたか？
くるっ
俺に手本を…？
だが何に気づけるかは
自分次第ってことか

中った！
スカッ
ん～？
中ってる！
いいかい？
腕力で引くんじゃ
ないんだよ
？？？
なるほど
肩の動きに目をつけたか
身体の奥、軸の力を使う
様子が見えたかい？
いやあ
見えたというか
感じたというか…
あとはやっぱり
雫先輩の動きは
一つ一つにムダが
ないっていうか…
ほう
「ないこと」に
気づけたのか
やるねえ
どういうこと
ですか？

「あるもの」は見えるからわかる
だが「ないもの」は見えない
しかし　ときにはその「ないこと」に真髄がある
こんな感じのこと　前にも聞いたような…
例えば…
森島君はなんで弓道部に入ったんだっけ？
えっ
楽そうで俺にもできそうだったから
つまり簡単そうに見えたんだよね？
どう？
簡単だった？
いや…
思ってた以上に難しいです…
雫先輩みたいに中らない…
見えるものだけを見ていては本当の凄味というものはわからない
特にレベルが高い人ほど難しいことを簡単そうにやるからね

ほら
オムレツとかも
簡単そうなんだけど
いざ作ってみると
できないもんでさー
あははっ
…とか言って
簡単に作りそう
大したことなさそうに
見えても
その背後にある膨大な
積み重ねを感じて
そして見習ってほしいね
人から何かを
「盗む」ときは特に

まあ 彼女も
僕から見れば
まだまだムダ
だらけだけど
それだけ
僕がすごいって
ことかな?
あ……
ですね
ココ
笑うとこだよ
しかし石山君が
あんな教え方を
するなんて珍しい
熱意は人を動かす
ってことかな
へ?
へーっ!
雫先輩が
俺のこと好き?
うひゃーっ
てれるなー
森島君
須藤先生に
聞きたいこと
あるんじゃないの?
イラァ
あっ!
そうだった!
勉強のことで
質問があって…

なるほど
つまり一番いい
勉強法を選べなくて
困っている…と
参考書っていろいろ
ありすぎません？
ネットで「これがいい」
って言われてるのも
俺には違う気がして…
それで次の段階に
進めない…か
だってただでさえ
出遅れてるのに
ムダなことしたく
ないですよ！
ムダは避けたい
ねえ…
やっぱ効率って
大事なんで
例えば二人で
初めてのレストランに
入ったとしよう
ゴチになります！
かわいいスイーツも君のかわいさには負ける
キャー
何か食べるとしたら
君は何を注文する？
せっかくのおごり！
そりゃあ
食べたいものを！
うふふ♥ そんなこと ないよ〜
君の口に
合わなかったら？
もう次は行かない？
雰囲気のいい店なら
もう一度くらいは…
どうして？
お気に入りの
メニューが見つかる
かもしれないじゃ
ないですか

つまり 料理は
食べてみないと
おいしいかどうか
わからない
食べておいしかったら
くり返しそれを
食べる…と
？
当たり前
じゃないですか？
うん
それで
いいんじゃない？
へ？
「自分に合った
お気に入り」を
見つけるには
とりあえず
試してみるしか
ないってこと
はあ…？
あ！
つまり勉強法も
同じってこと？
その通り
やってみて
「合わない」と思ったら
捨てるか改良するかして
もう一度試してみる
それで「合わない」部分が
見つかったら……
また修正を
かけていく…と
そう
勉強法は一発で
「ベスト」を
選択できないんだ
東大ロード
心得その6
勉強はとにかくやるしかないし、「やれば成績は上がる」。少しでも興味のある分野からとにかく手をつけること。それで成績が上がることを早く体験して理解しよう。

Action 改善
Plan 計画
Do 実行
Check 評価
これを PDCA(ピーディーシーエー)サイクルって言うんだけど…
こんな風に「計画」→「実行」→「評価」→「改善」をくり返す手法のことだよ

Action は「改善」なんですか?
反省点に対する改善 "行動" のことだからね。反省だけで終わってはダメってところかな

ビジネスでも仕事のクオリティを上げるためにこの考え方はよく使われているんだ
それを勉強にも活かせ…と?
そういうこと

でもこのサイクルだって「P」の「計画」が始めにきてるわけで…
とりあえずやれって言われてもやっぱり何か決め手がないと前には進めないよ
だからそれはメニューの例えで先生が…
そんな単純な話じゃないって

そうかなあ？
そうですよ
じゃあ
弓の話に戻そう
君はさっき
自分で見つけた
上達のポイントについて
話していたね？
はぁ
肩甲骨の動きが
けっこう大事
だと思って…
それって
「正しい」順番なの？
早すぎない？
は？
射法八節ある中で
「打起し」や「引分け」
は中程の手順だ
まずは一つ目の「足踏み」を
そして「胴造り」「弓構え」も
完璧にしてから
肩の動きに取りかかるべき
じゃないの？

いや　そんなこと
ないですよ
どうして？
そもそも君は
どうやって
弓を射れるように
なったの？
そりゃ見よう
見まねで…
その後は目に
ついたところを
直していった…と

だってそうするしかないでしょ
気がついたところから直していってちょっとずつ全体のレベルを上げて……
あ
当然そうなるね
うぐ…
ぐうのねもでない…
つまり「やるしかない」んだよ
自分に合っているかどうかなんてそれこそ「食べて」みないとわからないんだから
受験勉強だって見よう見まねの「Do」から始めるしかないんだ
Pla
計画
Do
実行

P→D→C→AじゃなくてD→C→A→Pなのね
うん
そう考えたほうがいいね

言い換えれば失敗するつもりで始めようってこと
失敗しながら自分に合った方法に近づいていくんだ
東大ロード
心得その7
最初から自分に合ったベストな勉強法を知ることは不可能。とにかく何かやってみて、そこから得たものを手がかりにしよう。PDCAサイクルは「Do」からスタート。手当たり次第でもOKだ。
「できている」人の背後には必ずPDCAの積み重ねがある。簡単そうに見えるからって「自分も」なんて甘い話だね
う…
石山君の失敗は「うまくやりたい」という気持ちがよぎり「Do」に集中しきれなかったせいとも言える
カッコつけて「自分はもっとできるはずだ」と勘違いしたんだ
自分のレベルに見合った参考書を買えなかった君と失敗の本質は同じさ
そ そうかな～？
もちろん どんな失敗も次に活かせば価値はあるけれど……
失敗して当たり前と割り切って無心になれば本当の弱点や悪いクセも見えやすくなる

後で彼女の練習ノートを見せてもらうといい
えっ ノートをつけてるの?
「試して」「学ぶ」のくり返しだからね
毎日のレベルアップ感は大事だよ
ゲームみたいなもんか 1個ずつアイテム集めたり敵を倒したり……
そうそう 何でもいいから具体的な目標を設定するといい 日々「クリアする」という習慣を持つことだね。勉強が楽しくなる
東大ロード
心得その8
勉強には必ず目標を設定しよう。ただし、「C」をしっかり行うために、必ず数値にすること。最初は「参考書を1ページ進める」「机に10分向かう」などでもかまわない。一定期間クリアできたら、少しずつレベルを上げていこう。
言われてみればこの1週間は何の進展もなかった
あそこでとりあえず何か買っておけばよかったんだ…
!
明日は部活休みだよ
チャンス…!
なら今度こそ参考書買いに行くかなあ
うん! じゃぁ11時に駅前ね!
えっ また一緒に行くの?
だって森島君昼過ぎまで寝てダラダラしちゃうでしょ?
アオハルだねぇ~
失礼な! ちゃんと起きて昼には出かけるつもりだよ!
なら一緒に行こ♡

Chapter 3-1

とりあえず「やる」のが一番！

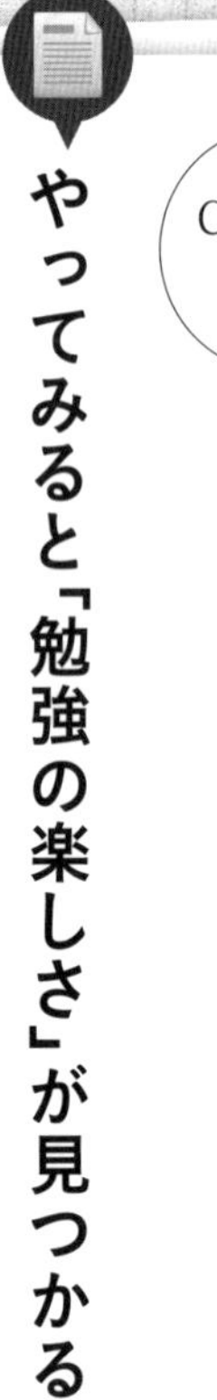

やってみると「勉強の楽しさ」が見つかる

アオハルだなー。

ということで、この章は「とりあえずやってみよう」がテーマです。考えたり、計画を立てるよりも先に「やってみる」ことで開く扉がある、というわけです。

でも、「それでも何をやればいいのかわからない！」「考えないで行動するのは怖いよ！」という人も多いと思います。まずは「とりあえずやってみる」の効果と意味、具体的にどうすればいいのかについてお話ししましょう。

その前に、みなさんは、勉強が好きですか？

……きっとこれは当たり前に「ＮＯ！」って人が多いですよね。

当然のことです。僕だってそうでしたし、実はほとんどの東大生もそうだったのです。東大生１００人に聞いてみたところ、「勉強を本格的に始める前から、勉強が好きでしたか？」という質問に対して63％の学生が「ＮＯ」と答えています。

でも、「ＮＯ」だった東大生にこんな質問をしてみたところ、回答は違いました。

「勉強を本格的にやってみた後、つまり今は、勉強が好きですか？」と。
すると今度は、70％の学生が「ＹＥＳ」と答えました。今は、「勉強が好きだ」と考えている人のほうが多いというわけです。
この結果から何がわかるでしょうか？　僕は、**「東大生は、勉強をやっていく中で楽しさを見つけたのだ」**と思います。実践してみたら、だんだんできるようになって、どんどん楽しくなっていく。これって、どんな分野でも言えることだと思います。どんなスポーツでも、どんなゲームでも、**「実際にやってみて初めて」楽しさがわかる**のです。
勉強も同じです。みなさんは、まだ「本格的にやってみよう！」と思っていないから、「勉強しよう」という気になっていないだけ。やってみたら、意外と楽しくなるものです。確かに、結果が出ないと続けるのは苦しいかもしれません。でも、この本を参考に、成績が必ず上がる勉強法を行えば、「勉強の楽しさ」に気づくことができるはずです。

考えるのは、やり始めてから！

一番よくないのは、その場で立ち止まること。何もしないで、頭を悩ませているだけの状態です。最初にお話しした「なれま線」の中にいる状態です。そういう人に**一つ伝えたいのは、「やってみてから考えればいい」ということ。**悩むのは、やり始めてからでも大丈夫です。

僕のところにはよく「英語の勉強ってどうすればいいですか？」「国語の成績を上げるためには何が必要なんですか？」と質問をしてくれる学生さんがいますが、僕は必ず「今はどうやって勉強しているの？」と聞き返します。

今のやり方で成績が上がらないのなら、何か間違っているところがあるはずで、それを修正すればいいのです。でも、今勉強していない状態で「どうすればいいんだろう？」と思い悩んでいるのなら、何をお話ししても実はあまり効果がありません。**勉強を少しでも実践していないと、どんなに素晴らしい勉強法を紹介されても、そのやり方の何がいいのかわからない**からです。

つまり「やるしかない」んだよ
自分に合っているかどうかなんてそれこそ「食べて」みないとわからないんだから

まずは何でもやってみないと、自分に合った勉強法はわからない。

どんな勉強法でも、どんなに非効率でも、とりあえず実践して全く効果がないということはほとんどありません。それをいかに最小限の努力と時間で結果が出るようにするのかは後で考えなければなりませんが、しかし真理として、勉強は「やれば成績は上がる」のです。

だからこそ、「とりあえずやってみよう」と考えるのは大切です。**やってみて、それから自分の勉強法を修正するほうが、結果が出やすい**でしょう。

ゲーム感覚で目標をクリアせよ！

さて、がむしゃらに頑張るのはすごくいい姿勢ですが、先行きが見えないと不安だという人も多いでしょう。がむしゃらにやるのはなかなか継続しないものです。

そこでオススメなのが、まず目標を設定し、そこに「数字」を入れてみる。多くの人は、何か目標を立てるときに「数学を頑張ろう」とか「英語を勉強しよう」とか、漠然とした目標にしてしまいがちです。しかし、それだとなかなかやる気も継続しないし、具体性がないので「達成した！」という気分にもなりません。

必要なのは、「数学の参考書を○ページやる！」「英語を○時間やる！」など、**目標の中に具体的な数字を入れて、自分のやることを明確にすること。**まだ勉強の習慣がついていない人は、**まずは「1ページ」「10分」からでもかまいません。**

それこそゲームのように、「目標達成！」「目標に到達できなかった」とゲームクリア・ゲームオーバーが見えやすくなり、勉強がガラッとやりやすくなるはずです。

逆に言うと、目標なんてその程度のもので問題ありません。難しいことを考えるのではなく、とりあえず仮置きで数字を入れて目標設定してみる。そして、その目標をクリアできるように頑張ってみる。これをやるだけで、やる気が持続します。

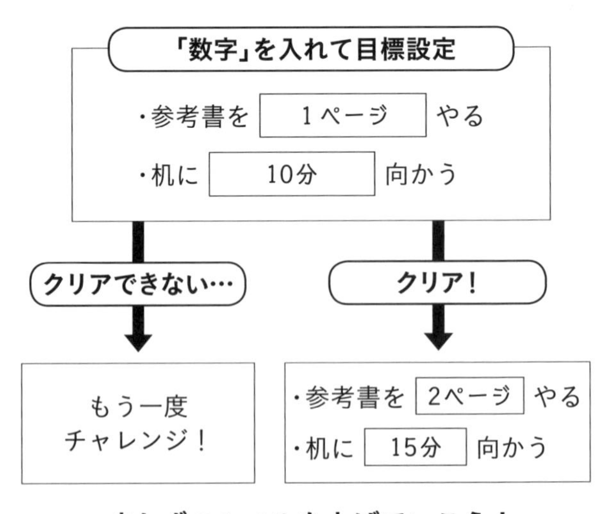

Chapter 3-2

勉強に「PDCA」を取り入れよう

必ず結果を出せる方法

そんな風に「とりあえずやってみよう」の精神で勉強を始めたとして、まず知っておいてもらいたい勉強の流れがあります。難しい言葉で、「PDCA」サイクルと言い、須藤先生が説明した通りです。

これをくり返すことによって、勉強だけでなく、仕事でも結果を出すことができます。

頭のいい人の勉強法には、必ずどこかにこの「PDCA」の流れが存在します。逆に、なかなか成績が上がらない人や、惜しくも合格を逃す受験生というのは、この「PD

CA」のどれかがうまくいっていない場合が多いです。

僕はこれまで『P（Plan：計画を立てる）』はほどほどにして、とりあえず実行してみよう！」とお話ししてきましたが、ここからが問題です。実は「D（Do：実行する）」はできても、「C（Check：評価する）」のやったことの振り返りができない人が非常に多いのです。

自分の勉強を振り返り、それを改善するところまでやって初めて、成績は大きく飛躍します。社会人になった後でも、この「C」ができずに仕事がうまくいかない人が多いようです。

誰でも自分のやったこと「D」に対して、粗探しをしたり、間違っている部分と向き合ったりするのは面倒でつらいことです。でも、それと向き合わない限り、前には進めません。

テストの点数は悪いほど喜べ！

「C」の評価・振り返りについて、もう少しお話しします。

みなさんは、今まで受けたテストや模試を取ってありますか？　もし捨ててしまっている人がいたら、それはやめてください。捨ててもいいテストは、この世に一つしかありません。100点のテストです。間違いがどこにもないのであれば、振り返るところはないので残しておく必要はありません。

テストというのは、自分の実力を図るためのものだと勘違いしている人がいますが、それは違います。**テストとは、自分のダメなところを知るための手段**なのです。テストを受けて、解けなかったところ、覚えていると思ったのにできなかったところなど、いろいろあると思います。それは全部、「C」のしがいがある素晴らしい教材なのです。

テストの点数は、悪ければ悪いほど喜んでください。「わーい！ こんなに自分の弱点が発見できたぞ！」と。逆に**満点だったら、落ち込んでください。**「何だよ！ 自分の弱点が一つも発見できなかった！」と。

勉強というのは、**他の分野に比べてすごく「C」がやりやすい**のです。模試を受ければ自分ができなかったところを洗い出すことができるうえ、「ここの点数が低かったから復習しようね！」という情報まですべて詰まって返ってきます。

また、先ほど僕は「目標を数字で設定するといい」という話をしましたが、**すべて数字で出てくるのも勉強のいいところ**です。**成績も時間も、数字で可視化できます。**これによって、「今日は何時間勉強が足りていない」とか「成績がこれくらい足りない」ということがしっかりデータでわかるのです。

勉強は、社会に出る前に「C」を学ぶ絶好の機会だと言えるでしょう。それをムダにせず、失敗にきちんと向き合うことが大切です。

Chapter 3-3

失敗に向き合うときの効果的な方法

「できなかったところ」を細分化しよう

ここからは、もっと具体的な「C」の手段を紹介します。実は、問題が解けなかったり、点数が上がらない理由は次の3パターンしか存在しません。

①知識不足：基本の知識が欠けている（そもそも大前提の基礎がない）
②演習不足：知識の応用の仕方がわかっていない（演習量が足りていない）
③取りこぼし：（試験時間が足りない、ケアレスミスなど）

どんな失敗も、必ずこのどれかに当てはまるのです！　順番に見ていきましょう。

まずは「①基本の知識が欠けている」です。はっきり言って、この**「知識不足」が全体のミスのうちの6割を占めている**と言っても過言ではないでしょう。知識が足りなかったから、問題を解くことができないというわけです。

このときに重要なのは、**「具体的に、どの知識が欠けているのか?」を考えること**です。例えば、ざっくり「英文法の知識が不十分だった」と言っても、明日から「じゃあ英文法の本をやろう!」という気にはなかなかならないと思います。なぜなら、英文法の中には自分ができているところもあるからです。

必要なのは、英文法の「どの」分野ができなかったかを考えることです。時制がわかっていなかったから解けなかったのかもしれません。時制の中でも、現在完了形がわかっていなかったのかもしれません。現在完了形はわかっているけど、現在進行形を理解していないのかもしれません。

「わからない部分」「足りない知識」を細分化してみるのです。これで、自分の弱点を正確に補強することができます。

ミスと向き合うためには「自分ができなかったところ」をより具体的にして、そこを補強するのが一番です。「英文法を全部復習する!」と頑張ってやろうとするのもいいですが、それでは「C」の意味がありません。**より効率的に、最小限の努力で最大の結果が得られるように復習するべき**なのです。

知識不足ではなく演習量が足りていない可能性も

次は「②知識の応用の仕方がわかっていない」です。「知識不足」だと思っていたミスが、「演習不足」だったという話も多いので注意が必要です。

これは、**理科や社会などの暗記が多い科目よりも、数学や英語、国語でよくあること**で、「知識は十分だけど、その使い方がわからない」というパターンです。

ゲームで例えてみましょう。みなさんは敵のボスを倒すために、多くの武器を用意しました。ナイフも剣も弓矢もいっぱい用意したのです。これが、先ほどの「知識」だと思ってください。「演習不足」とは、どの武器を使えばボスを効果的に倒せるのかわかっていない状態です。

「単元が指定されていれば答えられるけど、ランダムに出題される模試になると途端に成績が悪くなってしまう」ことってありますよね？　それはなぜかと言うと、武器をうまく選べないから。「あれ？　これって時制の問題？　受動態の問題？」「座標で解けばいいの？　それともベクトル？」と問題を見ても、どの知識が求められているのかわからないから解けないのです。

こんなときによくやってしまいがちなのが、「ベクトルの問題を間違えたから、ベクトルの復習をしなきゃ」と思うことです。間違っていないのですが、**もしかし**

たら知識はもう十分で、演習量が足りていないだけの可能性だってあるのです。

武器はもうそろっていて、どう使うかがわからない。そういうときは、**とりあえず「問題」をいっぱい解きましょう。**問題を解いていくなかで初めて、「ああ、こんな風に解くのか！」と感覚的にわかってきます。スポーツでもそうですが、実際に体を動かしてみないとわからないことがたくさんあるのです。

志望校の過去問は5年分解け！

3つ目は、「取りこぼし」です。試験時間が足りない、ケアレスミスをしてしまう……こうした**取りこぼしは、8割くらい防げます。**そのために必要なのが「試験戦略」と呼ばれるものです。

みなさんは、テストを受ける際に目標点数を決めていますか？「いい点を取ろう」とか「高ければ高いほどいい」なんて考えていませんか？　そういう人の多くは、「どこで何点取るか」「どう時間配分をするか」という戦略を考えていません。

試験本番で、「残り時間が少ないからこの問題はいったん諦めたほうがいいな」とか「ここは配点が高いから、時間をかけてもいいな」とか、**試験の戦略を立てられていないと、成績は上がってきません。**そして、この**戦略不足の結果として「取**

りこぼし」が発生するのです。

「この時間になったら見直しをしよう」などと最初から考えられていれば、余裕を持って問題を解けます。これがケアレスミスを防いでくれるのです。

多くの学生は、志望校の過去問を初めて解いたとき「難しい！」ってなります。そうならないのなら、逆に志望校のランクを上げたほうがいいくらいで、たいていはいい点数を取れず、「このままじゃ不合格だ」と落ち込みます。

でも、みんなそんなものです。なぜなら、その大学の問題に慣れていないから。それこそ戦略が全くない状態で突っ込んでいるのですから、問題が全然解けないのも当たり前なのです。何度も解いていくうちに、「ああ、こういう問題なんだ」「こうやって解けば点が取れそうだ」という感覚がつかめてきます。そして、それをもとに「ここには時間をかけていいはずだ」などと戦略が考えられ

「C」の効果的な方法

①	知識不足	➡	「わからない部分」を具体的にして復習しよう！
②	演習不足	➡	問題をいっぱい解いて、知識の使い方に慣れよう！
③	取りこぼし	➡	「試験戦略」を立てたうえで、問題を解いていこう！

るのです。

こうした**戦略を立てられるようになるまでに、5年分くらいの問題を解く必要があります。**それによって、成績が10点、20点も上がる、なんてことはザラです。

よく併願の大学に落ちてしまう受験生がいます。第1志望の大学には受かるけど、それより偏差値の低い第2、第3志望には落ちてしまう。それはなぜかと言うと、多くの場合「過去問の演習不足」が原因です。第1志望の過去問はいっぱい取り組んだけど、第2志望は全然やっていない……そういう受験生が意外と多いのです。でもそれだと、併願する意味なんてありませんよね。

併願校も含めて、試験の戦略をきちんと立てたうえで問題を解いていく。これはすごく重要なことなのです。

以上の3つのうち、どのミスなのかを確認して対策をすると、確実に成績が上がるでしょう。ぜひみなさんも試してみてください。

Chapter 3のまとめ

勉強は、**考えるよりも先にやり始める**ことが大切。まずは「参考書を1ページやる」「机に10分向かう」など**具体的な数字を入れた目標**を立て、ゲーム感覚で取り組もう。そうすると、やる気も継続する。

勉強も仕事も**「PDCA（ピーディーシーエー）」の流れをくり返す**と、必ず結果が出る。勉強は特に「D（Do）」→「C（Check）」が重要。まずは過去のテストを振り返って、自分の失敗と向き合おう。

問題を間違えたときは**3つのパターン**のどれかを確認して、それぞれに合った対策をしよう。

Chapter 4

東大式
学習計画の立て方

春
私達は2年生になりました

あ

いつまでそうしてるの？
勉強しなさい
はあ
母さんみたいなこと言うな

雫先輩も須藤先生も来なくなって俺は希望を失ったんだ…
また「雫先輩」…？

仕方ないでしょ
啓女の弓道場修繕が終わったって言うんだから
何をするべきか教えてもらったでしょ頑張らないと
ありがとうございました〜
ペコ
森島君は自分なりに参考書を読んだり問題集を解いたりして少しは自信があったみたいなのですが——
偏差値が全教科50前半でどう頑張れと…？

参考書1冊を一周しただけでしょ？
それでも15以上アップしたんだからすごいよ！
マーク模試
森島君ならもっとアップできる！頑張ろ！
俺ならできる
…かな？

うん！できるよ！
だよな！
えっと東大の偏差値っていくつくらいだっけ？
67～73くらい
全科目70が目標になるかな

遠い…
ムリ…
ずーーん
しまった！また落ち込んだ!!
模試は全部の範囲から出題されるんだから学校の試験みたいにはいかないって
これから頑張れば…

ちなみに西倉はどうだったんだよ
わ 私!?

私は……まあまあかな
全科目60前半以上だったなんて言えばよけい落ち込みそう……

ふーん俺よりよかったんだ
顔に書いてあるぞ
なんでこんなときだけ察しがいいのよ!!

そうだ!森島君
そろそろ予備校とか考えようよ

うーん予備校はいいや
どこがいいとかわかんないし
でも勉強法のアドバイスはもらったほうがよくない?
ここ大手だし実績も…

大手予備校は
皆とかぶるから
なんかヤダ!!
どどんっ
そうですか…
森島君らしい
ご意見……
じゃあここは?
きりゅうか
旗立会
― 受験を通して
自分の旗を打ち立てる ―
きりゅうかい…
こんな無名の塾
意味ないだろ
でも自習の
サポートが中心で
一斉授業は
やらないんだって
自分のペースで
勉強できそうだよ?
へえ
旗立会
あ!
森島君!
これ見て!
ん?
須藤 錬二郎
19XX年生まれ。
東京大学教養学部卒業
大手商社勤務を経て、東京大学大学院
総合文化研究科博士課程修了。旗立会
設立に加わる。弓道八段(範士)。
ひらっ

そういえば須藤先生
学校の先生じゃない
って言ってたなあ
…てことは
ここに行けば
雫先輩に会える!?
なんでそう
なるのよ!!
ばっ
せっかくまた
同じクラスになれた
っていうのに
石山先輩のこと
ばかり……
あの!
図書館では
お静かに!
すっ
すみませんっ
ペコ
いっそ
見捨てて
やろうか…

ちわっす!
やあ
来たね

相変わらず
上手…
それで
決めたかい？
はいっ
二人とも入ります

そうか
じゃあ後日
塾のほうで
手続きをしよう
はい！

ただし
旗立会(きりゅうかい)は
勉強を通して
精神の自立を目指す
ことをモットーに
しているからね
自己管理が
できないと
全然伸びないよ
大丈夫っすよ！

受験を通して
自分の旗を
打ち立てる…
俺
頑張ります！
そうか

じゃあ次までに
自分なりに夏までの
目標と学習計画を
考えてきて
それをもとに
アドバイスを
させてもらうよ
はい！
わかりました！

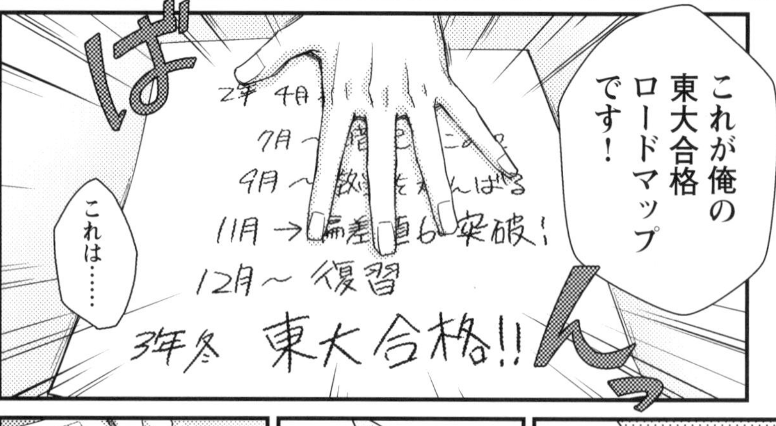

ばん
これが俺の東大合格ロードマップです！
12月〜 復習
3年冬 東大合格!!
これは……

参ったな
ちょっとスカスカじゃない？
こんなもんだろ？ゴールに向かって走るだけ！
君は？
はい 夏までということだったので
とりあえず作ってみました
すっ
ほう 細かいな

1日ごとに学習量を決めているのか
はい！秋までに参考書をあと2冊ずつ終わらせる予定です
大丈夫？
もちろん！夏にはB判定狙います！
そうならやってみよう
はい！
ぐいっ
君はやり直しだ
…はい

はよー
おはよう
学習計画進んでる？
バッチリ！須藤先生の塾に入ってよかったよ
なんか勉強にメリハリが出るよね
おう

4/19～4/25
Do
Doing
Done
よし
これは終わり…と
次は英語
いや…
その前に
こっちだな
生物まとめ

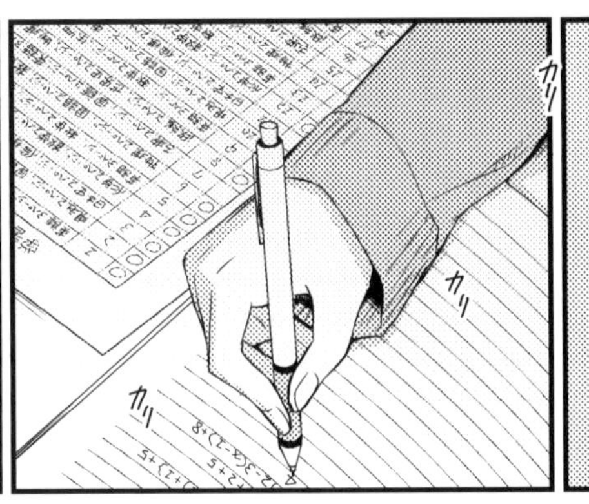
カリ
カリ
カリ

カリ
カリ

このペースだと
今日も全部終わらない……
明日は数学を
2日分進めて
生物は暗記ものだし
3日分くらいは……

カリ
カリ
カッ
矢恵〜っ

ちょっと買い物
お願いしたいんだけど
ごめん！
今それどころ
じゃない！

カリ
カリ
カリ
カリ
カリ

…西倉
大丈夫？
なんか
疲れてない？
大丈夫
本当に？
無理すんなよ

へへー
心配して
くれるんだ
嬉しい…

でも本当に
大丈夫…

ふら…
こんばんはー

マジで大丈夫!?
体調悪いなら
休めって
ううん
スケジュール
遅れてるから…

うちも先週　弟が
風邪引いちゃってさ…
看病しながらだったから
あんま勉強が進まなくて
なんとか
なったけど

西倉——!?

起きた

大丈夫ですか?
へ?
お前
倒れたんだよ
えっ
大丈夫…
先ほど須藤先生が
お家に電話をして
くださいました
もう少しで
お父様がお迎えに
来てくださいます

そっか
私…
すみません…

よりによって
この人の前で
情けないな……
無理がたたった
ようですね
おじさんが
来るまで
寝てろよ
でも学習計画
遅れてるし
挽回しないと…
なら計画を
修正しよう
そんなの
無理！
どうして？
こなせないん
だろ？
なら計画が
間違ってるんだよ
そんな
甘えたこと──
詰め込み
すぎですね
あなたの
その緻密で
熱心な姿勢は
尊敬しますが
今は休まれた
ほうがいいと
思います
ゴソ
ゴソ
ほら
先生と作った
俺の計画表
私も基本的に
この考え方です

単語帳
P30～50
長文問題
2問
P60
問題集B
2問
生物
教科書
P120～
まとめノート
数学
宿題
P50～60
問題集A
3問
4/20
4/21
4/22
4/23
4/24
4/25
2h
2h
8h
これ…1日のノルマがないじゃない
そうだよ1週間のノルマを設定してるんだ
その日に何をしたらいいかわからない…
うん
まったく勉強しなくていい日もあるなんて……
ありえない
そこは予備日です
予備日？
「計画はうまくいかない」という前提で予定を組むのです
そんなの……それをうまくいかせるために計画があるんじゃない
その考え方が西倉さんを追い詰めたのです

物事には不測の事態が必ずあります 風邪を引いたり急に家族や友達との用事ができたり…
何かの理由で計画は遅れる。それを想定して予定を組み立てるのです
東大ロード
心得その9
緻密な計画は必ず破綻する。「スケジュールは崩れるもの」という前提で、計画を立てよう。「計画が遅れたときに対応する日（予備日）」もスケジュールに組み込むこと。
「うまくいく」前提だと立て直せなくなるだろ?
西倉さんのやり方だと挽回するには翌日のノルマを増やす必要がありますね
ええ…
でもそれにも失敗するとどんどんノルマは膨らんでいき
「今日もできなかった」というネガティブな記憶ばかり蓄積されて自信を失ってしまうのです
あ…
「今日はこれをやった!」って毎日思えたほうが勉強は楽しいだろ
つまり予備日というのは…

そう 1週間でやりきれなかった分を調整して行う日です
そうしてプラス思考を習慣づけるのです

でもそんな曖昧な計画どうやって管理すれば…
それはあんな風に
「Do（やること）」「Doing（進行中）」「Done（完了）」のステータスに分けるといいですよ
まず1週間で終わらせる課題を付箋に書き出して全部「Do」のエリアに貼りつける
あとは気が向いたものから手をつける
「気が向いたもの」ではなく空き時間や疲れ具合などの状況を考えてできるものからですね
あ…はい
着手したものは「Doing」に
終わったものは「Done」に移動させます
Do
Doing
Done
1週間終わって「Done」に来ていないものがあれば…
…予備日に帳尻を合わせる
その通りです

この方法だと何を先にやるべきかっていうのもわかるようになるんだ
「こっちの課題を終えるにはこっちを先にやらないと」ってのが見えてくるんだよ
RPG（ロールプレイングゲーム）なんかでも「ボスを倒すためにはこのアイテムがいる。そのアイテムを手に入れるにはあの村で困っている人を助けて……」みたいな順番があるだろ？
うん
東大ロード
心得その10
「1週間でこれを終わらせる」くらいの大まかな計画を決めたら、具体的に何をやるかは、そのときに考えながら選べるようにしたほうがいい。すると、単元ごとの効果的な学習方法が見えてくる。
つまり学習課目の構造が見えてくるということです
自分で決める納得感もあるので記憶にも定着しますよ
なるほど…
って森島君今日は随分しゃべるね
何でも聞いてくれ
全部須藤先生の受け売りです
あー
バラされた…
でも西倉も今回のことで納得したろ？

この方法で一緒にやり直そうぜ！
東大ロード一直線！
うんありがとう…
おう！
すみませーん西倉です
いらしたようですね呼んできます
パタン
すごいよね
石山先輩今もうA判定なんだって
へーっさすが！
よし！俺たちも頑張ろうぜ！
新しい計画で！
うん
一緒に頑張る……ね

Chapter 4-1

計画を立てる前に大切なことを知っておこう

何事も計画通りにはいかない

森島君、爆発しろ……。

はい、すみません。つい本音が出てしまいました。

前章では、「とりあえずやってみる」「そこから修正・改善していく」という方法を紹介しました。これは、言ってしまえば「計画」というものをいったん取り払って考えることで、とりあえず一歩進んでみるという方法です。ここからは、その〝一歩〟を活かしながら、どうやって長期的な計画を立てていくのかということをお話ししたいと思います。

みなさんの中には、「計画って、いつも達成できないんだよね」「最初は計画通りにいくんだけど、だんだん苦しくなって、最終的には崩れてしまう……」という人もいるでしょう。

非常によくわかります。計画通りにスケジュールを進めるのはなかなか難しいものですよね。それこそ、西倉さんのように、無理をして体を壊してしまうことだっであると思います。

そこで、一つ覚えておいてほしいことがあります。それは、**「すべての物事は、計画通りにいくわけがない」ということ。「計画は、崩れるもの」**なのです。

この大前提がわかっているかいないかで、今後の人生は結構変わります。**世の中なんて、予定通りに進まないことのほうが多い**のです。過去問を解いて「これならできる！」「バッチリ対策した！」と思ったら、その年から急に傾向がガッツリ変更されたり、仕事で段取りをしっかり決めていったら、商談相手が急に来られなくなったり……なかなか予定通りにはいきません。

大切なのは、そういうときに「まあ、そんなもんだよなー」「さて、予定通りにはいかなかったけどどうするかな」と考えられるかどうかです。

東大生の多くが「ビビリ」

この大前提を理解したうえで、それでも計画通りに物事を遂行するためにはどうすればいいのでしょうか？

これには2つの方法があります。**「ビビること」**と**「余裕を持つこと」**です。一つずつ見ていきましょう。

まずは、「ビビること」についてです。

みなさんは、「ビビリ」ですか？　僕はビビリな性格で、「これ、失敗するんじゃないかな!?」とヒヤヒヤすることがよくあります。でも、これは僕だけではありません。実は東大生の多くも、そして社会で成功している人も、「ビビリ」なことって結構あるのです。

そう言うと、みなさんは「えっ？　起業家とか社長とか、全然ビビっているようには見えないけど……」と思うかもしれません。でも、それは「ビビリ」の種類が違うのです。

例えば、ベンチャー企業の社長さんは新しい事業をするときに「失敗したらどうしよう」とビビることはないでしょう。しかし、一度決めたことに対して「失敗する要素はないだろうか？」「失敗するとしたら、どういうところで失敗するだろう？」と考え抜きます。

決心する前にビビるのと、決心した後にビビるのとでは、全然違うのです。決心する前に「失敗したらどうしよう」とビビって何もしない人はただのビビリです。

しかし、**決心した後に「失敗しないように」とビビって対策を考えられる人は、「プロのビビリ」**です。

やることを決めたら適切にビビろう

何度もお話ししているように、「とりあえずやってみる」ことは非常に重要です。一歩踏み出さなければ、立ち止まったままです。失敗を恐れて何もしないでいることのほうが本当に失敗です。

しかし、いやだからこそ、**「やってみる」ことを決めた後は、適切にビビらなければならない**のです。**「失敗しないためにはどうすればいいか？」を真剣に考えてみる。**これができる人こそ、さらに前に進めます。

「自分はこの計画で失敗しないだろうか？」と悩み、「やっぱりここは失敗しそうだ。修正しよう！」と考える。「合格できるかな？」と悩み、「そのためにもっと勉強しよう！」と考える。そういう**「ビビリ」の姿勢がいろいろな物事をうまく回してくれます。**

無理な計画を立てている人は、もしかしたらこの「ビビリ」が足らないのかもしれません。

「本当に今の計画で大丈夫か？　達成できないのではないか？」と悩みながら、本気で計画を練ってみる。その姿勢があれば、必ず計画通りに進めることができるはずです。

東大生は「予備日」を作っている！

次に大切なのは、「余裕を持つこと」です。

「予備日」という考え方は、実は東大生に計画の立て方をインタビューしている中で見つけました。実際に多くの東大生が、この「予備日」を設けていたのです。

「日曜の午後は予定を入れない」「水曜の20時以降は予備としてキープしておく」といったように、東大生のスケジュール帳には「空白」があります。その時間にただ遊んでいるのかというとそうではなく、「その週で終わらなかった課題」や「緊急で対応しなければならないこと」などを実践しています。**予定を詰めすぎないように、あらかじめ何の予定もない「余裕」を持っておく**のです。

計画通りに進めるために大切なのは「余裕を持つための準備」です。

失敗する要素をあらかじめ取り除いておく準備をするのが「ビビリ」でした。

そして、この「予備日」というのは、失

予備日？

「計画はうまくいかない」という前提で予定を組むのです

計画が遅れたときに対応する「予備日」を設けよう。

敗したり予定がうまくいかなかったときのための準備です。
テストで70点取りたいときに、「80点目指そう！」と目標を立てるのが「余裕を持つこと」。「どうすれば80点取れるか？」と考えて頑張るのが「ビビること」です。この2つを覚えておいてください。

Chapter 4-2

超オススメ！　逆算勉強法をマスターせよ

STEP①　最終的な目標（ゴール）を明確にする

ここからは、この前提を踏まえて森島君達も行っていた学習計画の立て方を紹介します。
まず、予定を立てるときにやってしまいがちなのが、「とりあえず1週間こんな目標でやってみよう！」と考えることです。別に、悪いことではありません。「とりあえずやってみる」のが非常に重要だからです。やってみなければわからないし、やって初めてわかることもあります。
例えば、問題集1冊にどれくらいの時間がかかるのかとか、自分はどの科目が苦手なのかとか、実はあまりよくわかっていない場合も多いと思います。だからとりあえずやってみて、現状を認識する必要があります。

しかし、ず――っとそれだけで進めていくことはできませんよね？　好きなことを好きなだけ頑張ってやっても成績は上がりません。

重要なのは、**長期的な展望を持つこと**です。

みなさんは、志望大学の試験で何点取れば合格なのか知っていますか？　偏差値がどれくらい上がれば合格できるのか考えていますか？　まずは、そこを決めましょう。**一体自分がどういう状態になれば合格できるのか、明確なゴールを持っておく**のです。それが現実的なのか、本当にその点数が取れるのか、そういうことはきちんと考えなければなりませんが、後からでもできます。

「計画通りにいかない」と何度も言っていますが、目標だってそうです。**計画通りにいかないけれど、一度決めておくことに意味があります。後から何度だって修正すればいい**のです。

ちなみに、これができずに不合格になる人が山ほどいます。「いい点数が取れなくて悲しい！」と語る受験生に、「じゃあ君は、何点取りたかったの？　何点取れば自分の目標に達したことになるの？」と聞くと、ほとんどの人が答えられません。

目標が明確でないまま突っ込んでいるから、点数が悪くなるのです。60点でいいなら60点分をどう取るのか、80点ならどの問題で点数を稼ぐのか、**「ゴールからの逆算」をしていないから、『いい点』が取れない**のです。

まず「いい点」というように抽象的なイメージで語ってしまっている時点で、目標にはなっていませんよね？　前章でもお話ししましたが、必要なのは「具体的な数字」です。

STEP② 目標を細かく具体化する

さて、ここから実践するのは、具体的に「その点数を取るためにはどこで点を取ればいいのか？」「今の自分の成績を踏まえて、どの科目でどれくらいの点数を取ろうか」と考えてみることです。

志望校の合格最低点と過去問・受験科目を確認したうえで、じっくり考えてみましょう。まだ受験は遠いという人は、次回の定期テストでも模試でも何でもかまいません。得意な科目も、苦手な問題もあるでしょうが、**とにかく具体的に、どの科目でどれくらいの点数を取ればいいのかを設定します。**

ここで一つ、注意しておきます。よくある失敗として、**苦手な科目を得意科目にしようと頑張って、すごく時間をかけてしまうこと**です。

はっきり言っておきますが、それはやめたほうがいいでしょう。確かに苦手分野を対策するのは大切ですし、やらなければならないことです。でも、**苦手を得意にする必要なんてありません。**「超苦手」を「そこそこ苦手」に、「そこそこ苦手」を「普通」くらいにすることで全然問題ないことも結構あります。だって「苦手科目で100点満点を取らなければならない」わけではないですよね？

もしかしたら、苦手な科目では高得点を狙わなくてもいいかもしれません。ちょっと解き難い問題では、半分くらい正解すれば合格点になるのかもしれません。他の科目で十分カバーできるのかもしれません。そういうことを考えるために必要なのが、**「ゴールを見据えた細かい目標設定」**なのです。

STEP③ 1カ月単位で何を達成するか考える

目標が見据えられたらあとは簡単です。それをクリアするために、一体何が必要なのかをしっかり考えてみます。

具体的には、「英語120点」と決めたら、どんな問題集をやればその点数が取れるのか考えてみるのです。考えた後は、必要なことをどんどん付箋に書いていきます。「英語長文問題集A」とか「過去問演習3年分」とか、とにかく取り組むべきことを書いていきます。

目標が遠くにある人ほどたくさんの付箋が必要になると思いますが、それでかまいません。とりあえず何をやればいいのかをしっかり書きまくります。

その付箋の集まりは、**「これをやれば合格できるリスト」になります。**STEP①

ゴールを見据えて、そこから逆算して作ったはず。STEP② できちんと作ったということは、それが全部終われば合格できるのです。

付箋リストを作ったら、それらを１カ月分ごとに仕分けていきましょう。**「１カ月間で何枚の付箋を終わらせればいいか」を計算して、この１カ月で取り組む付箋を決める**のです。例えば、受験まであと１年で36枚の付箋があったら、月に３枚ずつ終わらせていけばクリアできます。「今月はどの３枚をやろう？」と選んで実践していけばいいのです。

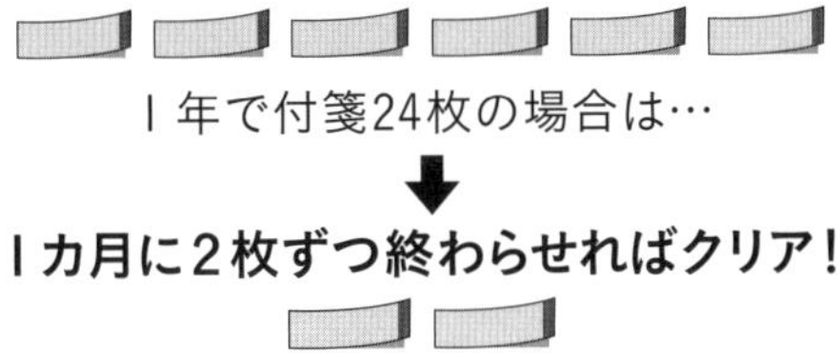

これをやれば合格できるリスト

１年で付箋24枚の場合は…

↓

１カ月に２枚ずつ終わらせればクリア！

STEP④ １カ月の付箋を細分化して１週間の目標を作る

ここからは、選んだ付箋をさらに細分化します。「問題集１冊」と言っても、すぐには終わりません。でも、「問題集5ページ」なら1日でも終わりますよね。そんな風に、一つの付箋をさらにたくさんの付箋に細分化します。

そして、そのたくさんの付箋の中から、先ほどと同じように「今週は何枚の付箋を終わらせればいいのか」「どの付箋から終わらせようか」と考え、1週間で何をやるべきかを決めます。

ここまで決めれば、あとは実践です。自分の部屋や机周りに1週間分の付箋を貼っておきましょう。その付箋がゼロになったとき、その週のノルマは達成です。

この方法なら、例えば「うーん、今日は数学の気分じゃないんだよな」とか「あー、英語やりたくない。数学だったらやってもいいな」とか、**自分の気分にも対応して勉強を進めることができます。**

そのうえ、どんどん付箋を剥がしていく過程というのは結構クセになります。やることがしっかり明確になり、それを**一つ一つ片づけていくことで、「頑張った痕跡」が見えやすい**からです。

また、あと1日残して付箋がゼロになったりすると、「やった〜！　明日は何もやらなくていいぞ」と気分も上がります。

いかがですか？　ちょっとやりたくなりませんか？　ぜひこの方法を実践してみてください！

「逆算勉強法」のまとめ

STEP① 最終的な目標（ゴール）を明確にする

長期的な展望で考えて、偏差値がどれくらい上がればいいのか、志望校に合格するには何点取ればいいのか、具体的な数字で目標を設定します。

STEP② 目標を細かく具体化する

志望校の合格最低点と過去問・受験科目を確認して、どの科目でどれくらいの点数を取ればいいのか具体的に考えます。

STEP③ 1カ月単位で何を達成するか考える

具体的な目標を達成するためにやるべきことを付箋に書き出し、「これをやれば合格できるリスト」を作ります。そして、その付箋リストを1カ月単位に仕分けます。

STEP④ 1カ月の付箋を細分化して1週間の目標を作る

1カ月分の付箋を、さらに1週間単位の付箋に細分化します。「Do（やること）」「Doing（進行中）」「Done（完了）」のステータスに分け、その日の自分の状況に合わせてやるべき課題を終わらせていきます。「予備日」を設けることも忘れずに。

Chapter 4のまとめ

「計画は、崩れるもの」ということを念頭において、学習計画を立てよう。予定通りに進まなかったときのための**「予備日」を設けて余裕を持つ**ことが大切。

プロの「ビビリ」になって、失敗しないためにはどんな計画を立てればいいか真剣に考えてみよう。

最終的なゴールを明確にし、**付箋を使った「逆算勉強法」**で学習計画を進めていこう。

Chapter 5

科目別攻略ガイド

2年生　秋
森島

あれから4カ月か
夏休み中も何の
進展もなかった…

でもまずは
この状況を
喜ぶべきなのか？

おじゃま
します…
森島君の
部屋入るの
中学以来だ
そう
だっけ？

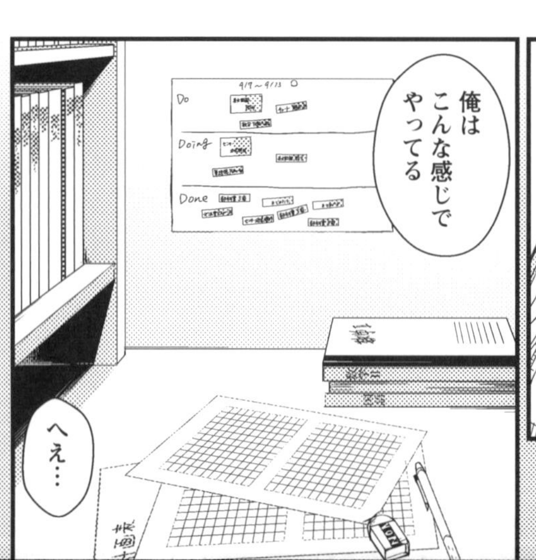
俺は
こんな感じで
やってる
Do
Doing
Done
へえ…

付箋は学校の授業に関係するものと受験勉強とで色分けして
重要だと思ったやつは大きい付箋にしてる
そうすると優先順位がわかりやすいね
うん それにやり終えて付箋を動かすときの達成感も大きいし
これは？
百マス計算
そういえばクリスマスのときに小学生レベルからって言ってたっけ？
さすがに俺だって計算くらいできるって！
てっきり冗談かと…
これは須藤先生に「勉強前に必ず2枚やりなさい」って言われてやってんの！
ちゃんと守ってやってるんだね
まぁ
あの人が言うならって感じ？
そっか
ちょっと前なら面倒くさがってやらなかっただろうに…

森島君って基本面倒くさがりで何事も中途半端なんだけど何かに打ち込んでるときはすごくカッコいいんだよね
ふふ
まさかゲーム以外でこんな顔見られるとは思わなかったけど…
なあ
何っ？
これさなんで「Had」が前に来てるのに疑問文じゃないの？
すすっ
ああ仮定法の「if」の省略ね
If I had told him the fact…(もしも彼にその事実を伝えていたら…)はHad I told him the fact… でも同じ意味になるんだよ
へえ やっぱこの辺の文法って難しいなぁ
ち…近い…
ガチャ
兄ちゃん矢恵さん
ささ
どした？

今日のごはんどうする？
俺たちはピザとるよ
うん
そんなら3人分作るけど
いいよ無理すんな
別に手間は変わんないし
それに…

この前 風邪を引いたとき――
おかゆ作ったぞあんまうまくできなかったけど
え…兄ちゃんが作ったの？
他に何か欲しいものあるか？
いらないほっといて…
あのときちょっと嬉し…

…って違う！断じて違う!!嬉しかったなんてナイナイ!!
僕は兄ちゃんに借りを作るのがイヤなだけ!!
ヒデ顔赤いぞ？
また風邪引いたんじゃ…
そんなしょっちゅう引くわけないだろ!!
そうか？

とにかく
今日のごはんは
僕が作るから！
あれ
もう作るの？
早くない？
これから
買い物に
行くんだよ
あいつの買い物
長いんだよ
近所のスーパーで
1時間もかけて
見るもんあるか？
へえ…
私　このまま
ここにいていいの？
ごはんを作るなんて
女子力を見せつける
チャンスなんじゃ…
お母さんも胃袋を
掴めって言ってたし…!!
はっ
ホホホ
私　ヒデ君の
お手伝いしてくるね
気分転換になるし
スクッ
え？
パタン
まだ英語
わかんないとこ
あるのに…
オレも息抜きに
ゲームしようかなー

presupposition

兄ちゃん できたよー
今行くー

いただきます

買い物 いつもより長く なかったか？
いつも通りだよ？
兄ちゃんがさみしくて 長く感じただけじゃ…
ちがっ!!

西倉だって勉強あるんだし時間のムダ遣いせずさっさと帰ってこいよな!!
えでも面白かったよ
兄ちゃんの口からそんなセリフが聞けるとはね
んな気遣うなって!
ホントホント
例えばねえ…
ヒデ君これは?
ブロッコリーは…この辺りなら埼玉かな?1位は北海道だけど
すごいよね～
たぶんね
近郊農業だよ
全部答えてくれるのー!!
何照れてんだよ
そういえば
兄ちゃんって今偏差値いくつくらいなの?
こいつ話をそらしたっ
え!?
まあだいたいどれも60くらいかな～
ふーん
50後半で伸び悩んでるって感じか
ギクッ

四捨五入すれば60だ…っ
うぐっ
四捨五入で合格はできないよ

「presupposition」ってどういう意味？
えっ
えー……「前提」？
正解

じゃあ「前提」で日本語の例文ちょうだい

は？英語じゃなくて？
いいから

そもそも日常会話で使ったことある？「前提」って
失礼な！それくらい…
…ないかも

えー「前提」ね
えーと…
えー…
あー…

単語帳には日本語の意味が書いてあってわかるって〝前提〟で暗記してるみたいだけどその「意味」の日本語がものになってないいんだよ
兄ちゃんって日本語がヘタなんだね
ガタッ
ばんっ
は⁉ ちゃんと会話は成り立ってるだろ！
一応ね
あらまあ言われちゃってる
もっと日本語の本読んだほうがいいよ
漢字の勉強も
英語が伸び悩んでる原因はたぶんそれだから

はっはっはっ
そりゃ弟君の言う通りだ
マジっすか⁉
コトッ
この際だから各科目の勉強方法を整理しておこうか
勉強の習慣は身についたことだし…
勉強方法？
問題集を解いていくだけじゃなくて？
うん意識の持ち方にもコツがあるんだ順番に解説していくよ

東大ロード：数学の攻略法

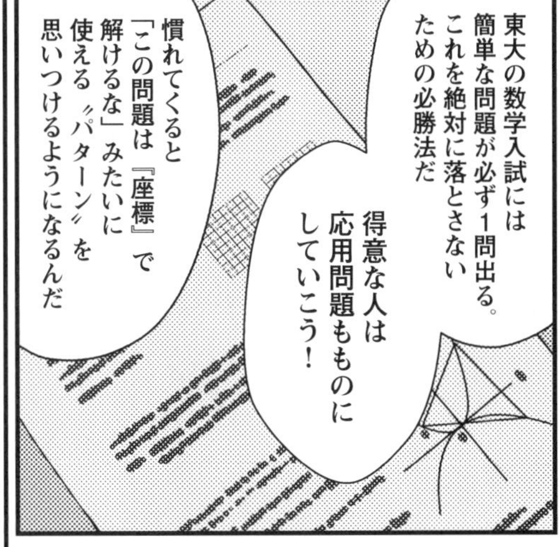

❷ 四則演算を徹底的に鍛えろ!

東大ロード：国語の攻略法

❶ 説明文は「一番言いたいこと」に注目する読み方を覚えろ

説明文の構造は
A（主張）
B（理由づけ）
A'（結論）
の「サンドイッチ構造」が基本

A（主張）←B（理由づけ）←A'（結論）

A'は「主張」の言い換えだ

解答は「A」または「A'」の内容に絡めたものにすること。
例題を見ていこう

【例】
人の評価を気にするのは愚かなことである。……（A）
ジャンヌ・ダルクは、かつて魔女として処罰されたが、その後、信念に生きた人として、評価されるようになった。……（B）
人が何を言おうが、自分を貫くべきである。……（A'）

こんな説明文に対して「要約として適切な選択肢は？」という問題があったとする次のうちどれを選ぶ？

ア　人は周りの意見に流されず、絶対に自分の生き方を貫くべきである。
イ　周りの人はいろいろと評価するが、気にしないほうがよい。
ウ　ジャンヌ・ダルクは周囲の評価に惑わされず、自分の信念を貫いた。
エ　自分らしい人生を生きるには、人の評価に惑わされる必要は全くない。

どれも当たってそう

「あらゆる」「すべての」「必ず」「常に」のような断定的な表現が入っている選択肢は外してOKなんです

に流されず、絶対に貫くべきである。

自分らしい人生を生きるには、人の評価に惑わされる必要は全くない。

えっ？どうして？

世の中に絶対はないからね

例えば「ア」は例外を一つも認めない言い方だよ
そんなことあり得る？

確かに…時と場合でそうとも限らないこともありますね

ふむ、

なので バツ。
「エ」も同様だ
ということは
「イ」……？
なんかぼんやり
した答えだなあ
イ　周りの人はいろいろと
評価するが、
気にしないほうがよい。
それが正解。
逆に言えば誰もが
「確かにそうだ」と
賛成する内容だろ？
まあ…
釈然としない？
でも慣れてくれれば
選択肢を見ただけで
「これはバツ」と除外
できるようになるよ
うーん…
頼りすぎるのは
よくないですが
判断基準として
持っておくと
とても便利です

❷物語文は「読み取る」なんてやめろ！

物語文は書いてある内容から推測して話を膨らませないこと。書いてあることだけに注目して解答しよう

え？「作者の気持ちは？」とか言ってるのに！

そこが落とし穴なんだよ

そして多くの人が「本当の正解はない」なんて思い込んでいる。「書いてあること」だけに注目するようにすると「どれも正解に見える」という症状はなくなるよ

例えば…

【例】
父が誕生日に自転車を買ってくれた。ずっと私が欲しがっていた青いマウンテンバイクだった。転職して収入が下がってしまった父は、きっと自分の小遣いを切り詰めて貯金してくれたに違いない。

（問題）
この文章から読み取れる作者の気持ちとして、もっとも相応しいものを選べ。

ア　私は自転車に乗って遠くに行くのが好きだ。
イ　その誕生日は素晴らしい思い出になった。
ウ　節約してまで買ってくれた父の愛を感じた。
エ　自転車を買ってもらえて嬉しかった。

どれも合ってる気がする…

どうして？
だって自転車が好きだからずっと欲しかったんでしょ？いい誕生日になったはずだし父親の気持ちも嬉しいはず…
それは全部推測だよどこにも書いてない
確かに…
ということは答えは……「エ」？
ア　私は自転車に乗って遠くに行くのが好きだ。
イ　その誕生日は素晴らしい思い出になった。
ウ　節約してまで買ってくれた父の愛を感じた。
エ　自転車を買ってもらえて嬉しかった。
そうこの文章からはそれしか読み取れない。それ以上は読み手の勝手な想像だ
もっとシンプルに考えればいいってことか…
うん　結局聞かれているのは「文章をしっかり読んでいるか」なんだ
「書いてある内容から言えそうなこと」は選択肢としては間違い
ぽん
目の前の文章にしっかり向き合うというのはすべてに通じるトレーニングになります

東大ロード：**英語の攻略法**

とにかく日本語力を上げろ！

ヒデが言ってたことと同じだ…
英語力を支えている理解力とは日本語力だ

東大の英語入試の1問目は 1000単語くらいの英文を読んで数十字～100字程度の日本語で要約する問題

【例】
一生懸命説明した（8字）
⇓熱弁した（4字）
習慣にすることができた（11字）
⇓習慣化した（5字）

同じことを言うのでも文字数を減らして情報量の多い解答にできるんですね

日本語の言葉（熟語）をたくさん知っていると要約にも有利です

また漢字を知ることで英語がより深く理解できるようになります

suggest⇒示唆する
「示唆する」って何？

exaggerate⇒誇張する
「誇張」ってどういうこと？

自分の言葉になっていないと
意味として入ってこない！

「この英文が何について語っているのか」を理解する力は結局日本語力だからね
偏差値60前後で伸び悩んでいる人は日本語力の問題である場合も多いんだ
長文読解も？
もちろん
A（主張）←B（理由づけ）←A'（結論）
英語の長文は「サンドイッチ構造」がより顕著なんだ。国語の長文読解がうまくなれば並行して伸びていくよ
「この後大事なことを言う」キーワードにも慣れてくると注意して読むべきポイントが見えてくる
However
but
In conclusion
As a result
だから「国語を捨てて英語をやる」という勉強スタンスは間違いなんだ
片方を勉強すれば必ず他方も伸びていく。そう意識して取り組んでほしいね

東大ロード：社会＆理科の攻略法

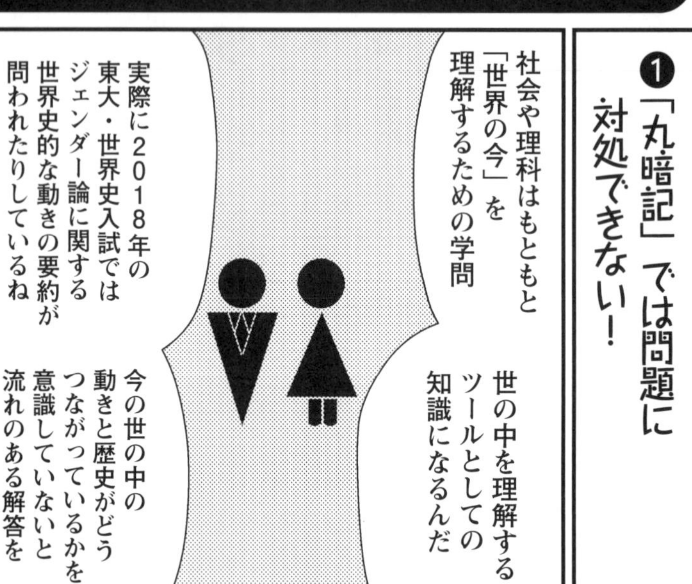

❶「丸暗記」では問題に対処できない！
社会や理科はもともと「世界の今」を理解するための学問
世の中を理解するツールとしての知識になるんだ
実際に2018年の東大・世界史入試ではジェンダー論に関する世界史的な動きの要約が問われたりしているね
今の世の中の動きと歴史がどうつながっているかを意識していないと流れのある解答を作れないでしょ？

「昔こんなことがあってそれがこうなってだから今こうなって…」みたいな？
そう 入試の出題者はニュースを見ながら「今年はどんな問題を出そうか」とネタを探しているわけだから
続いてのニュースです
今注目の話題から話を広げて問題を作っているのか！
だから毎日のニュースには気を配っておいたほうがいいよ

❷ 知識を使って現代社会を読み解いてみよう！

えっ
スーパー!?
食材の産地などを見るだけでもすごく地理の勉強に役立つんだ
ヒデの買い物好きはそれか…

例えば南瓜(かぼちゃ)って国産以外はどこから輸入しているかな?
ぐぐる
えーとニュージーランドとメキシコがほとんどだ
じゃあ日本がその2カ国から積極的に輸入している理由は?
そりゃよく採れ…
季節が逆だから!
!
正解
南瓜の収穫のピークは夏だけどニュージーランドは南半球
だから日本が冬の時期に南瓜を調達できる

メキシコは？
赤道が近くて ずっと あったかいから 1年中収穫 できるんじゃ ないかな？
つまり 日本とニュージーランドの 旬の狭間ではメキシコから 南瓜を輸入すれば 日本でも安定的に南瓜が 食べられるってわけ
そんなこと どこにも……
うん 書いてない
パラ
パラ
だけど試験では そういうことが 問われてくる
知識を使って 社会をしっかり 読み解いているか
そういう意識が 問われるんだ
知識 ではなく 意識…
東大はね 「合格するために勉強する」意識では 足りない
なぜ学ぶのか？ 知識をどう 役立てるのか？
これを常に 自分に問うことを 忘れないでほしい
はい！

Do
Doing
Done

東京大学
二次学力試験
——3月

西倉！
見ろよ！全科目偏差値65いったぞ！
やったねおめでとう
何ぃ⁉

旗立会に入ってなかったら
こんなに上がらなかった
だろうな　大変だったけど
ちょっと報われた気分
よかったね

何だよ 西倉
もっと喜んで
くれよ～
きりゅうかい？
そういやそんな
塾あったな…

今日も旗立会
行くだろ？
雫先輩の結果も
気になるし
もう一つ
塾増やすか…
そうね

あー
なんかますます
燃えてきたぞ！

な！
西倉！

…西倉？

Chapter 5-1

各教科まずは基礎を徹底的に固めよう！

すべては基礎から！

今回のテーマは、勉強の効率化を図り、確実に成績を上げるための「具体的な勉強法」です。それを紹介する前に、一つ重要なことをお話しします。

みなさん、**基礎を固めましょう。**とにかく基礎を徹底しておけば、あとは何とでもなります。**基礎こそが最重要項目だということ**をまずは認識しておいてください。

僕は高校生から「全然成績が上がらないです！」「手っ取り早く成績を上げるためには何が必要ですか!?」とよく問い合わせをもらいます。そういう人全員に答えているのですが、とにかく基礎をやってください。

基礎が固まっている人は、成績だって確実に上がります。逆に「どんなに頑張っても成績が上がらない！」という人は、基礎がない可能性があります。

例えばです。高校2年生の人が、高校2年生の教科書の内容を理解できないとします。こういうとき、決まって学生はこう言います。

「難しい！」「俺、やっぱ才能ないわ」

気持ちはわかります。しかし、そんな人でも一発で高校2年生の教科書の内容を理解できるようになる方法があります。

高校1年生の教科書を復習するのです。**何かわからないことがあるのは、その前で躓いているということに他なりません。**でも人は、なかなか「躓いたポイント」まで戻って復習しようという気にはならないものです。高校2年生の参考書がわからなかったら、高校2年生の教科書を何度も読もうとしてしまうのです。

大切なのは、基礎です。高校1年生の内容が100%完璧ではないから、高校2年生の内容で躓いてしまうのです。

徹底的にやった基礎が本番を支えてくれる

入試本番というのは練習と違ってある種の極限状態です。普段の力の6割くらい発揮できればいいほうでしょう。緊張して、頭の中が真っ白になってしまうことだってあります。それでも、**最後に助けてくれるのは「基礎」であり「練習」です。**

例えば、プロのスポーツ選手は、練習で3回に1回しか成功しない技を本番で実行しようとはしません。100回やって99回成功する技しか本番では実行しないのです。これは考えてみると、至極当たり前の話です。

１００回やって99回成功していたのだから、練習と同じように本番もやればそれでいい。何の思考もいりません。問題を解く感覚も、文章を読み進める流れも、全部体が勝手に覚えてくれています。「基礎」があるからです。

「本番で結果を出せるかどうか」は大変シビアなことです。だからこそ、とにかく徹底的に基礎をやるべきなのです。断言しますが、それだけで世界が変わります。

Chapter 5-2

数学の攻略法　計算のスピードを上げろ！

①計算力をつけよう！

みなさんは、東大の数学入試で四則演算（＋－×÷の計算）を何回するのか知っていますか？　実はこれ、５００回以上計算する必要があります。

他の大学の入試でもセンター試験でも、四則演算というのは何百回も何千回も求められるものです。計算力はやっぱり非常に重要で、**計算力を鍛えておくだけでも試験で有利になります。**

「計算が速いからって問題を解けるわけじゃないよね？」と考える人もいるかもし

れませんが、**「計算が速いと解ける問題」というのは明確に存在する**のです。

例えば、60分間のテストで、計算に50分かかる人と20分しかかからない人がいたとします。この場合、「問題の解き方を考える時間」は違ってきますよね？　10分しか問題を考えられない人と40分も問題の解き方を考えられる人とでは、解ける問題が大きく変わってくるのです。

数学の試験は、東大でも「この問題、なんで出題したんだ？」というくらい、そんなに難しくない問題が1問くらいは出ます。一体なぜでしょうか？

おそらくですが、こういう問題はみんな「解けて当然」であり、この問題で点数に差は出ないと思います。100人いたら、90人は解けてしまうわけです。

しかし、「解けた90人」の、解くスピードはどうでしょうか？　これはかなり千差万別だと思います。あっという間に解く人もいれば、すごく手間取って時間をかけてしまう人もいるでしょう。だからとにかく、**計算のスピードを上げる訓練が大切**なのです。

オススメなのは、計算のアプリをダウンロードすることです。「数学の王者」や「計算の達人」など、スマホで計算の練習をゲーム感覚でできるアプリが非常に多くあります。隙間時間で計算力をつけまくってみてはいかがでしょうか。

②パターンを暗記して公式の意味を考えよう！

計算のスピードがついてからは、**とにかく問題を解きまくって、「解法パターン」を覚えてください。**

なぜなら、数学の問題は他の科目に比べて出題パターンが多くありません。どの参考書にも同じような問題が出題されていて、入試でも毎年同じような問題が出されています。

応用の問題も、２パターンくらいの複合問題であったり、何パターンか解けそうな手段があって自分でやり方を選ばせる問題であったり、結局パターンに縛られた問題しか作ることができないのです。

そして、そのパターンを覚えるときに必要なのは、**「公式の意味も理解すること」**です。例えば、二次方程式の「解の公式」がどうやって成り立っているのか知っていますか？　「三平方の定理」を証明できますか？

教科書には、たくさんのページを割いて「公式の証明方法」が書かれています。しかし、多くの学生は「まあいいや、公式は丸暗記すればいいだろ」と流してしまいます。最初のうちはそれでいいのですが、問題を解きながらパターンに慣れていくなかで、公式の証明ができる状態になることが理想です。**公式の意味がわかれば、**

より多くの問題にアプローチすることができるようになります。

「勉強しても結果が出ない」と嘆く受験生は多く、確かに暗記系の理科・社会を除いて英語や国語というのは、頑張りが点数になかなかつながらないこともあります。

しかし、そう嘆く受験生にこそオススメなのが数学です。数学はかなり多くの部分でパターンの暗記が重要になります。つまりは、「やれば成績は上がる」ということです。**問題を解きまくれば確実に点数につながる**のですから、とにかく数学の問題を解きまくって、点数を上げられるように努力してみましょう。

数学勉強法のまとめ

計算アプリをダウンロードして、隙間時間に計算力を鍛えよう。プリントでやりたいなら「百マス計算」がオススメ。

計算のスピードに自信がついたら、問題を解きまくって「解法パターン」を暗記していこう！　そして、公式の証明方法も理解できるようになろう。

Chapter 5-3

英語の攻略法　単語力&日本語力が必須！

①単語力をつけよう！

英語においては、圧倒的に単語が重要です。東大生の中には、「英語は6割くらい英単語学習にかかっている」と断言する人もいます。

英単語の学習法としてオススメなのが、**「すぐに辞書を引かないで、いったん立ち止まって類推してみる」**というやり方です。

例えば「enjoyable」という英単語を見たとき、なんとなく意味がわかるでしょう。だって、「enjoy（エンジョイ）」は「楽しむ」、「able（エイブル）」は「be able to（できる）」という意味を知っている人が多いからです。「楽しむ＋できる」だから、なんかハッピーで楽しい感じなんだろうと類推できますよね。こうやって、**「類推力」を高めていくことで、英単語を覚えることができる**のです。

「そうは言っても、自力で推測することなんてできるのかな？」と疑う気持ちもわかります。そんな人はまず、自分の身の回りにある英単語、つまり**カタカナで話す言葉を探してみましょう。**

日本人は、実は日常生活でもいっぱい英語を使っています。「バスターミナル」に行ったり「ボランティア」に参加したり「クローゼット」に服をしまったり……。英語の勉強をしていない人でも、たぶん少なくとも1日100単語以上の英語に触れているはずです。もちろん中には、「和製英語」で英語の意味とは違うものもありますが、英単語を類推する練習に役立ちます。

そうすると、覚えられる英単語も増えるし、長文問題でいざ見知らぬ英単語に出合ったとしても、なんとなく意味がわかります。意味がわからなかったとしても、「だいたいプラスの意味だろ」『de』とか『out』とかついているし、マイナスの意味なんじゃないかな?」と、ふわっと読み進めることができるのです。さらに、「単語の意味がわからない」というストレスにも強くなります。

英単語の勉強はこのように、まずは辞書を引くのではなく自分の身の回りの英単語を探すところから始めてみてください!

②日本語力をつけよう!

英単語を完璧にしたうえで、長文問題を読めるようにするには、実は**英語力より**
も先に日本語力をつける必要があります。

だいたい偏差値60以上の大学の問題は、「日本語で書かれていても難しい文章」や「日本語の語彙力がないと完全には理解できない英単語」が出てきます。なので、英語を完全に武器にするためには、日本語力が必要なのです。

例えば、「lawless」と聞いて意味がパッと出てくるでしょうか？　すぐに答えられる人は意外と少ないのですが、日本語力のある人ならわかります。

「less」というのは「ない」とか「少ない」という意味ですよね？　「law」は「法律」のことです。つまり、「lawless」から「無法」という言葉を想起できます。

さて、「無法」とは何でしょうか？　「無法者」という言葉は聞いたことがあると思いますが、「決まりを破り、乱暴な振る舞いをする人のこと」を無法者と言います。

そして、「lawless」もこういう意味なのだろうと類推することができますね。こんな風に、**語彙力さえあれば、英単語も理解しやすい**のです。

長文問題だってそうです。東大の英語入試は、ネイティブでも解くのが難しいと言われていますが、それは別に英語が難しいからでは

日本語力をつけるために、本を読むこともオススメ。

ありません。

何度も言いますが、急がば回れです。英語の長文で壁を感じる人は、英語をやる前に、**日本語力を鍛える（国語から始める）**ほうがいいかもしれません。

③要約問題を解こう！

もう一つ英語の勉強でオススメなのは、**「英語の要約問題を解く」こと**です。

英語の長文には、英語の文章なりの「文章の型」が存在します。国語の長文とはまたちょっとだけ違ったものです。例えば、こんな構成の英文です。

初めに「多くの人はAだと考えると思う」と大前提となる一般論を語り、次に「だが、実はBなのである」とその前提を否定し、結論として「ということで、Aだと考えるのはやめて、Bだと考えよう」と持ってくる。

東大・英語入試の第1問では、毎年要約の問題が出題されていますが、だいたいこの構成の問題が主流です。

こうした英文は、「B」さえわかれば簡単に要約文を作ることができます。「B」を見つけることができれば、**文章全体で何が言いたいかを把握しやすくなる**のです。

要約問題を解くときに限らず、英語長文を読むのが早い人は、この「B」を見つけるのが早い人です。一部分にこだわらず、大きな目線で文章を読解し、**「どこに大切な文章があるのか」を探す訓練をしている。**だからこそ、全体の内容を素早く掴めるのです。

「文章の型」としてよく登場するのは、下のような語句です。ぜひ覚えておいてください。

よく「パラグラフリーディング」と呼ばれるものですね。一度このような言葉に注目しながら文章を読んでみると、確かに先ほどお話しした英文の構成が多いことがわかるはずです。

そして、このような**「文章の型」を知るために必要なのが「要約」**です。要約というのは、極論してしまえば「B」を探す行為に他なりません。文章の構成を見て、

大前提の一般論
「It is commonly believed」（一般的にはこう信じられている）
「always」（いつもそうだ）
「People〜」（たいていの人は〜）
一般論の否定
「However／but／yet」（しかしながら）
結論
「In conclusion／As a result」（つまり）

何が「言いたいこと」なのかを探すのが要約だからです。

要約問題を解いていくなかで、英語の文章構成を理解できるので、**文章を素早く正確に読むことができるようになります。**

英語勉強法のまとめ

- **まずは英単語学習が基本。辞書を引かないで、意味を類推することで単語力をつけていこう。慣れないうちは、身の回りのカタカナ語から始めるのがオススメ!**
- **英語の長文問題は日本語力が必須。国語の勉強から始めて語彙力を身につけよう。そうすると、英語も国語も両方伸びる!**
- **とにかく要約問題を解こう。「文章の型」に慣れれば、英文を素早く正確に読むことができるようになる。**

Chapter 5-4

国語の攻略法　とりあえず漢字を覚えろ！

①漢字練習から始めよう

国語は、何と言っても最初に漢字を練習するのがオススメです。計算や英単語以上に「それいる？」と言われがちですが、漢字というのは、みなさんが思っている以上に大切なものなのです。なぜなら、**漢字は「語彙力」とそのまま直結する**から。

例えば「傲慢」という言葉を読めない人でも、「傲慢」の「慢」の字が「高慢」とか「自慢」で使われている漢字だとわかれば、「きっと自分の態度が大きいとか、そういう意味になるんじゃないかな？」と類推できます。

言葉をより深く理解し、言っていることを正しく把握できるようにする。そのためには「語彙力」が必要です。

文章を読んでいて「書かれている意味がわからない」と感じる場合、それは**読解力というよりも語彙が不足しているから起こる問題**です。鍛えるべきは、「言葉を知る力」。まずはそこから始めなければいけません。

そして、語彙力をつけるために必要なのが、「漢字」というわけです。軽視されがちですが、**「漢字力」をつけるのが一番手っ取り早く語彙力を養える方法なので、最初にやるべき**なのです。

漢字を勉強するときにオススメなのは、**「意味」と「つながり」をしっかり理解すること。**例えば、「徒労」は「やっても無駄な苦労」という意味の言葉です。ただこれだけを覚えるのではなく、ひと工夫加えてみましょう。

「徒」単体では「あだ」と読み、「実を結ばない、無益で無駄なさま」を指す言葉になります。「労」の字は「苦労」や「労力」という熟語でも使われていますね。「何かをするための力」という意味で、頑張りや努力量を示すことがわかります。

このように、他の漢字もセットで覚えておくことで、忘れてしまっても『労力』の労だったはず！」「『徒』って、虚しい感じの意味だったよな」と関連や意味をたどり、類推して思い出すことだってできるのです。

②国語と英語を同時に勉強しよう

もう一つオススメなのが、漢字と英語を同時に勉強する方法です。

やり方は、簡単です。市販の漢字練習帳を買って、そこに載っている漢字が**「英語で言ったらどういう意味になるのか」を辞書で調べ、書き込んでいきます。**

例えば、「創造」という漢字。辞書で調べて「creation」と出てきたら、それを「創造」の隣に書き込み、一緒に覚えていきましょう。そして、漢字を練習するときに、「英語では何て言うんだっけ？」と**ゲーム感覚でチェックしていくと楽しくできるでしょう。**

これを続けていくと、様々な発見をすることができます。例えば、「順序」という漢字でこのゲームを実践すると、「order」という英単語が出てきます。意外なことに「order」は、「秩序」という漢字のときにも出てきます。「順序」と「秩序」は違う意味ですが、両方とも「序」という漢字を含んでいますよね？　つまり「order」は、漢字の「序」と同じ意味なのかも、なんて類推することができるわけです。

また、「我慢」という漢字では、「困難にあっても冷静でいること」＝「patience」、「許すこと」＝「tolerance」、「長期間耐えること」＝「endurance」という3つの英単語が出てきます。「我慢という日本語は、いろいろな意味があるのか」「しかも、英語だとそれらを分けて使うのか」なんて発見することもできます。

「英単語」と「漢字」の両方の知識がある程度ついてくると、この勉強法の真の効果が出てきます。

「この漢字すごく難しいけど、こんな簡単な英単語になるのか」「あの英単語は、この漢字になるんだ。次に和訳の問題が出たらこれで解答しよう」なんて具合に、**「片**

方を知っていると、もう片方もわかる」という現象も起こるのです。

僕も昔、『容貌』って難しい漢字だな」と思いつつこの方法を試したら、「looks」という英単語が出てきて、「そうか、『ルックス』＝『容貌』なのか!」と感嘆した覚えがあります。「ルックス」という言葉を知っているからこそ、「容貌」という言葉も理解できる……なんてことが、この勉強を続けていくと度々あります。

国語勉強法のまとめ

- **文章を正しく理解するのに必要な「語彙力」を手っ取り早く身につけるために、まずは漢字勉強から始めよう。**
- **漢字を勉強するときは、英語の意味も書き込んでセットで覚えていこう。ゲーム感覚でやると続けられる。**

Chapter 5-5

社会&理科の攻略法　丸暗記はやめろ!

①丸暗記はやめよう

最後は、社会と理科です。両方とも「覚える」ことが主流になってきますが、**一つ忘れてはいけないのが「丸暗記を避ける」ということ**です。

僕はこの本の中で幾度となく**「知識と知識を関連づける」こと**についてお話ししてきました。これを、暗記科目においても実施してみましょう。

例えば、ペリーの日本来航は1853年です。これをみなさんは「1853年!1853年!」と暗記しよう暗記しようと頑張っていると思います。しかしそうではなく、「なぜ1853年なのか?」と考えてみるのです。きっとそれ以前の時代に何かが起こっていて、「1853年」にペリーが来航したことには意味があるはずです。そう考えてみると、次のような出来事を関連づけることができます。

- 1840年に、イギリスが清と戦うアヘン戦争を起こし、清に開国を求めた。
- 1848年に、アメリカは西海岸まで開拓に成功した。

●1853～1856年、イギリスやロシアはクリミア戦争をしていて、アメリカは日本に行くチャンスだった。

これらを知っておけば、「1853年」を丸暗記せず、「アヘン戦争の13年後」「アメリカが西海岸に到達した5年後」などと、関連づけて覚えられます。

②身の回りのこととつなげて考えよう

「知識と知識の関連づけ」は、何も教科書の中の知識だけでなくてもいいのです。スーパーマーケットで買う牛乳だったり、日々のニュースの中で聞こえてくる話題だったり、「身の回りのこと」から様々な知識を学ぶことができます。

「身の回りのこと」と「自分の勉強」とをつなげて考えることが何より大切です。今勉強している理科の知識が、社会の情報が、一体世の中のどういうものに影響を与えているのかをしっかり考えてみましょう。

そもそも**勉強というのは、身の回りのことやこれからの世界をより深く知るために行うもの**です。生物を勉強すれば、人体や動物の体のしくみがより深く理解できます。日本史や世界史を学べば、世の中がどうして今のような姿になっているのか、その原因・背景に何があるのかがわかるはずです。

そして、教科書を作る人も入試の問題を作る人も、それをよく知っています。大学の教授をはじめとする学問の最先端を行く人達は、そのことをみなさんに理解してもらえるように問題を考えているのです。

暗記するときは、その暗記事項の意味を考えること。身の回りのこととつなげて考えること。この姿勢で勉強すれば、必ず成績を上げられます！

意識的に、毎日のニュースを見るようにしよう！

③徹底的に教科書を読もう

もう一つオススメの勉強法があります。それは、「徹底的に教科書を読む」こと。世界史でも日本史でも公民でも、化学でも生物でも、**社会と理科においては教科書を徹底的に読み込み、基礎を完璧にしておくことで点数が安定します。**

……なんて言うと、「参考書や問題集のほうが勉強しやすいよ」と考える人もいるかもしれませんが、それは違います。

すべての入試問題は、教科書をもとに作られています。東大ですら、「教科書遵守」を表明しているのです。その証拠に、東大の試験会場ではみんな教科書を読んでいます。僕も試験会場で驚いたのですが、だいたい7割くらいの受験生が社会の時間の直前に教科書を読んでいました。

まずは教科書をじっくり読むこと。社会や理科において、これこそが一番正しい勉強法です。

もちろん、初めから完全に理解できるわけではありません。しかし、それでもいいのです。それでも**1回、「流れ」を理解しようと頑張ってみることが重要**です。年号を一つ一つ覚えたり、人名や名称を暗記しようとするのは、**一度きちんと全体の流れや物事の大枠を捉えてからのほうが覚えやすくなります。**

まずは教科書を読み込んで全体を大雑把に掴んでおき、細かいところは後から理解していく。その「細かいところの暗記」や「流れをより詳しく理解する」ためのツールとして使うべきなのが、参考書なのです。

もし、それでも「教科書の内容が全く理解できない！」というときは「マンガでわかる」といったより簡単な参考書を、教科書を読み込む前に使ってみましょう。

社会＆理科勉強法のまとめ

- 年号を覚えるときは丸暗記するのではなく、前後の出来事に関連づけて覚えていこう。
- 日常的にスーパーマーケットに行ったり、毎日のニュースを注意深く見たりして、「自分の勉強」を身の回りのこととつなげて考えてみよう。
- 教科書を徹底的に読み込んでいこう。まずは一度全体の「流れ」を大雑把に把握する。それから、年号や人名・名称など細かいところを覚えていこう。

Chapter 6

いいヤツになれ！

――数カ月後
旗立会 事務室
8月
SUN MON TUE WED THU FRI SAT
なるほど
将来の夢を考えて こっちの私大のほうが いいと思ったんだね
あ… はい…
東大では 目指せませんか？

でも…この大学は 英語の授業も多くて 留学や国際交流に 特化しているし
自分の可能性が より広がると 思うんです
石山雫
なるほど… 他大学ならではの より個性的な部分に 惹かれているのですね
それいつから 考えてたの？
…えっと
最近思うように なって……
そう

志望校を 替えるのは いいけど
その程度の 意識じゃあ その大学も 落ちるよ？

でもこれから しっかり 準備すれば…
それ以前の 問題だよ
西倉君は自分の 「行けそうな大学」を 志望校だと思い込もう としている 違うか？
最近 数学や社会が 伸び悩んでいたからね 不安だったんだろ？
それを「私は国際的な 勉強がしたい」に すり替えて志望校の ランクを落とした
「受験科目を減らしたい」 「落ちるリスクを 減らしたい」 「浪人はしたくない カッコ悪いから」……
本心はそんな ところだろ？
はっきり言うよ
そんな甘えた 気持ちでは その大学だって 落ちるさ
間違いなく
その大学が 難しく感じたら また志望校の ランクを下げて 「ここが目標です」って 言い出すんじゃない？
でもそれは 「できそうなこと」を 「目標」と呼んでいる だけだ

言いすぎたかな…
まあ〝彼〟みたいに
無心で打ち込めたら
みんな幸せなんだけど
彼ってほら
そういうとこ
何も悩んで
ないだろ？
誰とは言わないけど
俺は東大に
どーん
行く!!
何かに熱中
できるのは
素晴らしい
ことですね
ふふ
あの…
褒めてますよね？
もちろん
3倍
それが東大二次試験
の競争率だ
…え？
たったの？
そう
有名私大なんて
10倍は当たり前の
世界なのに
東大は毎年
3000人合格するけど
二次試験を受けるのは
約9000人ほど…
私の年も
そうでした
つまり
3人に1人は
合格できる
それが東大の
試験なんだ
でも多くの学生は
そこまでの道のりで
自ら脱落していく
成績が足りない
勉強が間に合わない
何かしら言い訳を
見つけてね
……

今君に問われているのは学力じゃない
踏みとどまる勇気なんだ
それともう一つ大事なこと
はいっ
東大は最初の2年全員が教養学部に所属する
弁護士・医師・起業家…どんな夢があってもそこに特化した勉強の前に身につけるべき「教養」を学ぶんだよ
六法全書
最短距離で行かないんですか？この時代に…
でもそこが大切なんだよ
世の中を理解するための勉強は受験レベルだ
大学に入ったら「知識を使って世の中にどんないい影響を与えるか」を考えていかなければならない
物事を正しく見て正しく理解し正しく伝える
それがいかに大切でそして難しいことか…それを2年間で徹底的に学ぶんだ

自分の人生だ
やりたい仕事を
目指せばいい
でも何のために？
誰のために？
「世の中に自分を
どう役立てるか？」
という目的意識と
責任感が大切なんだよ
「自分が満足するため」
という意識も必要だけど
それだけではきっと
うまくいかない
東大ロード
心得その11
東大に合格する人は「東大に合格したい」ではなく、「東大で学んで○○をしたい」と、その先の目標も意識している。「学んだことを社会に役立てたい」という気持ちはとても大切だ。
東大では「知」を扱う
責任みたいなものを
学ぶ時間を大切に
している
それが人間
としての
器を広げて
くれるんだ
石山君とか
いいお手本
でしょ？
まあ
確かに…
私も最初はもっと
ギスギスした競争の場
だと思っていましたが
謙虚で勉強好きな人たち
ばかりですよ
どう？
そういう世界で
揉まれてみるのも
いいと思うけどな

とにかく
もう一度
考えてみて
それでもやっぱり
私大がいいってことなら
君の意思を尊重する
改めて一緒に
対策を立てよう

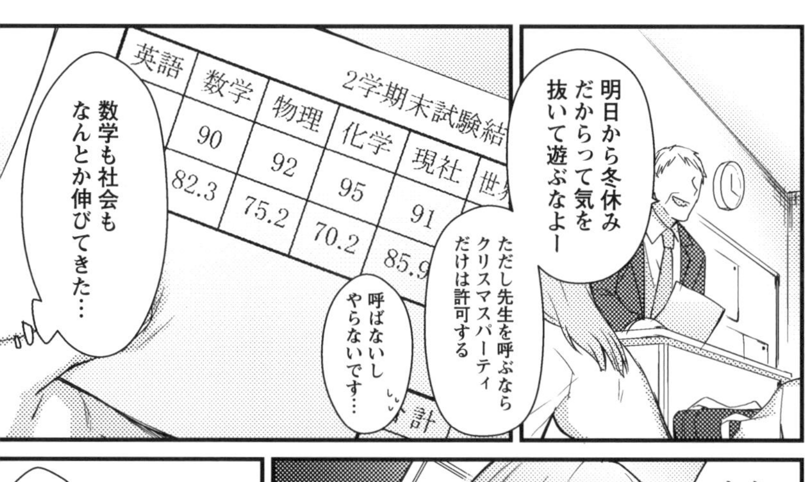
明日から冬休み
だからって気を
抜いて遊ぶなよー
ただし先生を呼ぶなら
クリスマスパーティ
だけは許可する
呼ばないし
やらないです…
2学期末試験結
英語
数学
物理
化学
現社
90
92
95
91
82.3
75.2
70.2
85.9
計
数学も社会も
なんとか伸びてきた…

あのとき諦めなくて
よかった…
西倉
行こう!
あ
うん!

この「別解2」ってのは…
よう高松！ここ座れよ
ガシッ
はぁ!? なんで僕が
な!!
……
最近元気ないけど大丈夫か？
ちょっと疲れてるだけ
そっか気をつけろよ？
そういや高松この間の模試英語と地理で全国100位以内に入ってたよな
まあな
私も英語は50位以内だったけどね
二人ともすげえなあ…俺も頑張らないと
お前は全体の平均が安定してるんだろ？
一応はそんな感じだけど高松みたいに得意科目が複数あるってすげえよ！

こんばんは
もう始めて
いますね？
はーい
では今日の
自習テーマを
聞いておきます
俺は微分を…

──いつの間にか
道は決まっていた
お兄ちゃんも
行けなかった
東大よ
あなたは特別
なんだから

僕は特別で
高松　お前
少しはクラスの
輪に入れよ

ちょっとくらい
教えてくれても
いいだろ⁉
みんなとは
違う
お前いつも
そうだな

特別な僕が
行くところは──
森島　勉強
教えてくれよ
おう！
俺にわかる
範囲なら！

よっしゃ!!

これで2勝目～!!
はっはっはっ
得意科目で
森島君に
負けるなんて…
くっ
あら
高松君
よう高松！
今日は随分
早いな！
たた…っ
…るさい…
え？ 何？
うるっさいんだよ!!
いつも余裕こいて
ヘラヘラしやがって!!
イラつくんだよ!!
東大志望だと!?
ちょっと前まで
中学生レベル
だったくせに
調子に乗んなよ!!
へ？
ガチャ
そんなこと
言われても…
ぜーッ
ハーッ
ぜーッ
高松君 だいぶ
焦っている
ようだね
須藤先生
東大は人生の
一部にすぎないよ
もっと自分の
人生全体を見て
大切なものは
大切にして
いいんだよ

俺は勉強も大事だけど弓道もゲームも楽しくて続けてるな
森島君遊ぶの大好きだもんねー
ゲームは一日一時間
キリッ
うるせーちゃんと時間決めてるぞ
僕は…
僕はゲームもマンガも捨てたし
大好きな衣装作りもやめた…
そんな趣味あったの!?
ていうか何の衣装!?
気持ちを封印する必要はないよ
えっ
「東大に行く」は大事な目標だ。でも君のすべてではないだろ?
人生を楽しむには趣味も恋愛も大切だ。やりたいことは何でもやればいい
流されちゃう人もいそうだけど…
そういう人はそれほど東大に行きたいわけじゃないってことさ
気持ちの強さの問題
好きなものは手放せないそれでも東大に行きたいそういう人のほうが実は効率的な勉強が上手なんだよ
時間の使い方も1日のエネルギーの使い方もうまくなるからね
そんな…
東大ロード
心得その12
自分のやりたいことを犠牲にする必要はない。むしろ「自分にとって大事なもの」との両立を工夫して、時間や集中力の使い方を研究しよう。
そうだ
ごそ
ごそ

高松　この前
早く帰っただろ？
数学の微分　本番で
出そうなところの
解法集を作ったんだ
ひらっ
よかったら
使ってくれよ
…なんで？
何が？
なんで僕に
こんなこと
するんだよ
ライバルは一人でも
少ないほうがいいだろ
何言ってんだよ
みんなで合格する
ほうがいいに
決まってるじゃん

東大ってああいう
〃いいヤツ〃が
合格するように
なってるんだよ
え？

森島君
そういうとこ
バカだよね
バカって
言うな
石山雫
そろそろ
勉強を始め
ましょうか
はーい！

東大ロード
心得その13
東大はなぜか「いいヤツ」が合格する！　実力十分なのに落ちた人の中には「性格のせいで落ちた」という人も多い。知識を独り占めして、仲間を蹴落とそうとする人に勝利の女神は微笑まない。まずは人間を磨こう。
謙虚さや寛大さは結果に影響するんだ
「受け取れるもの」が変わってきて「気づけること」の総量が違ってくる
「勉強で結果を出す」ってやつをもっと大きなスケールで考えてごらん
試験まであと8日
7日
6日
5日
4日
3日
2日
1日

試験当日
東京大学本
次学力

旗立
終わった～！
…終わった…
みなさんお疲れさまでしたー
…高松君どうしました？
か…

数少ない
苦手分野の
オンパレード
でした……

…あ……
数学と物理…
一番出て
ほしくなかった
ところが……
ずーん
かける言葉も見つからない…
あ、えっと…

そうだ
考え方を
変えようよ
ぐすん…

俺は東大目指して
よかったと思う
たとえ結果が
伴わなくても
ムダだったとは
思わない
東大を
目指したから
ここまで成長
できたんだ
そうだね
ていうかまだ
結果は出てないし
望みを捨てるなよ

ホント二人とも
成長したな…
そ…
そうだよな！
おう！

――そして
合格発表当日
あれ？高松君は？
万が一が怖いから別で行くって
わかる…私も一人で行くか悩んだもん
え？なんで？
自分だけ落ちてるかも…って考えたら怖くない？
その発想はなかった！みんな受かるよ!!
多分大丈夫!!
うらやましいよそのポジティブ…
ポジティブだけが取り柄だからね
だけって何だよ！
ていうか…
お前本当についてくんの？
だって兄ちゃんが心配だもん
嘘つけ！
うん 嘘
下見だよ 僕も東大受けるんだから
ヒデも東大を…？
お前…お兄ちゃんに憧れて…
んなわけないだろ 僕は兄ちゃんが目指す前から東大志望だよ
あっそ

ヒデ君
おっきく
なったね～
アイツ
もうすぐ
中3だから
あとちょっとで
森島君に
追いつきそう
だな…
このまま
抜かされるかも
抜かされるのが
身長だけだと
いいいね
それどう
いうこと？
あった!!
あったよ!!
え!?
兄ちゃんも
矢恵さんも!!
どこどこ!?
お前なんで先に
見てんだよ！
ほら！
…あった…
ほんとに
あった……
俺もあるある!!
だからそう
言ってんじゃん

やった！
やった!!
受かったんだ！
東大に!!
これで俺たち
晴れて東大生だな！
ぴょん
ぴょん
うん！
はっ
じーーーーっ
別にいいじゃん
付き合ってるん
だから
遠慮せずに
どうぞ
ほれほれ
ぺぺっ
うるさいっ
すすすっ
とにかく
これで心置きなく
ゲームができるな！
油断禁物！
……
ところで
兄ちゃんって
東大に入って
何を学ぶ
つもりなの？

将来の夢とか聞いたことないんだけど
え…

あー…そういや考えてなかった…
え⁉そうなの⁉
そんな気してた…
しら〜〜っ
だって勉強で忙しかったし…

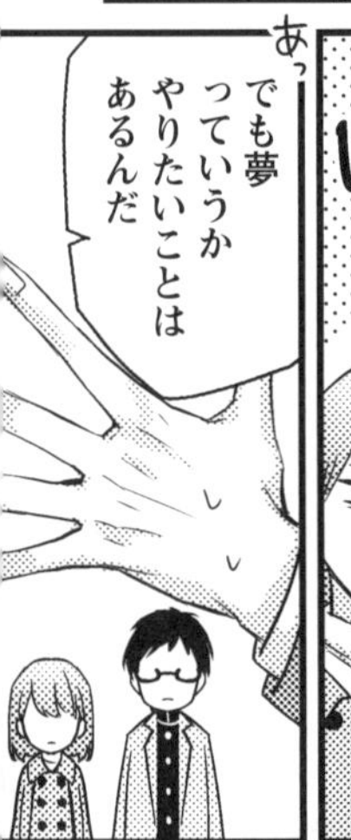
あっ
でも夢っていうかやりたいことはあるんだ

…前は自分なりに頑張っても全然うまくいかなくて頑張るのがバカらしくなって
別に進学も就職もどっかテキトーに自分が入れるとこに行ければいい
努力しなくたって生きていけるからって思ってた

でも違うんだよな東大を目指してから張り合いというか生活の質が全然変わった
昨日の自分より今日の自分を誇れるようになった

そう思えるように
なったのは
支えてくれる
家族や友達がいて
導いてくれる先生や
先輩がいたから
だから俺は
昔の自分みたいな
やつらにそれを
教えてやりたい
数学

今はまだ何を
すればいいのか
わからないけど
誰かを支えたり
導いたりできる
仕事に就きたいんだ
それが俺の
今の目標!

なんかコメント
してくんない⁉
無言って
ハズいんだけどっ

いいじゃん
へっ

合ってると思うよ
うんすごくいいい！
何も考えてないんじゃないかって心配だったけど一応考えてたんだね
そ…そうかな…
俺やれるかな？
ここがゴールじゃないもんな
新しいスタート地点に立ったばっかりなんだよな
「東大に行く」
あの言葉がなかったら何もできないままだったかもしれない
俺実現できるように頑張るよ！
でも今は自信を持って何でもできる
そう思えるんだ
—おわり—

Chapter 6-1

10代の最後に本気で自分と向き合ってみよう

熱い受験は人を成長させる

僕は今、東大で勉強しています。この4年間で本当に多くの東大生とお話ししてきました。東大生だからと言って、全員が全員特別で、みんなすごい……というわけではありません。むしろ普通の人のほうが多い印象です。

それでも、東大生を見ていて思うのは、**「熱い受験をした人間は、みんなそれぞれ語れることを持っている」ということ**です。

例えば、僕の友達には5浪して東大理Ⅲに合格した人がいます。彼は、「何か一つ極めてみたい」という想いで、学年ビリから3番目の成績から逆転して、日本一の大学の一番入るのが難しい学部に合格したのです。彼は5年間の中で、いろいろなことを学び、いろいろなスキルを身につけて、人間的にも成長したうえで東大に合格しました。本当にいいヤツですし、尊敬できます。

また、今まで誰も東大に合格したことのない地方の学校から、見事東大に受かった友達もいます。その子は、「自分を育ててくれたこの地域に恩返しがしたい」という想いで東大を目指し、合格しました。
彼ら彼女らは今、受験のときに抱いた想いを持って大学で勉強しています。そして、その勉強をもとに羽ばたいていくのだと思います。
ではなぜ、この人達はこんなに大きく成長できたのでしょうか？　僕は**「受験が成長の場だったから」**だと考えています。

勉強は努力がしやすく1位になれる！

受験というのは、まず自分の行きたい学部を考えなければいけません。自分は将来、どういう人間になりたくて、どういう未来を歩みたいのか考えて、目標を決めます。そして、自分で立てたその目標に向かって、全速力で突っ走っていきます。
10代の最後に、自分の想いと向き合って、本気で戦う体験。それが受験です。
この過程で、人間は大きく成長できるのです。
もしかしたら、今勉強していることそれ自体は、大人になってからは使わないのかもしれません。二次関数なんて必要なくて、イオンや元素記号とは縁のない生活を将来送るかもしれません。
それでも、**何かに対して一生懸命になって、努力し、数字を追い求める過程は、**

社会に出てからでも必ず役に立ちます。一つのものを極めた人間は、他の分野を極めるときにもその経験を活かすことができます。

そして勉強というのは、「努力」がしやすい分野です。自分の努力が成績として数字にはっきり出てくるので自己認識しやすく、参考書や勉強法の本は世の中にごまんとあり、他の分野より何倍も「案内人」が多いのです。

逆に、**勉強ですら「努力」ができない人間が、他の分野で努力することなんてできるはずがありません。**勉強というある意味すごく平等で、「頑張れば何とかなる」ことで努力できない人間は、たぶん他の分野でも頑張れません。

もちろん、サッカーでも野球でも囲碁でも将棋でも、勉強以外の何かを本気で頑張っている人は、それでいいと思います。でも、サッカーで1位になるのも将棋でプロになるのも、すごく狭き門です。

3倍
それが東大二次試験の競争率だ
…え？たったの？
そう 有名私大なんて10倍は当たり前の世界なのに
東大は毎年3000人合格するけど二次試験を受けるのは約9000人ほど…

東大は3人に1人が合格できる。目指さない手はない！

一方、東大は毎年3000人も合格していて、倍率に至ってはたったの3倍です。**他の分野に比べて、1位になりやすいのが「勉強」**なのです。

Chapter 6-2

受験を通して身の回りにも目を向けよう

受験は個人戦？　団体戦？

受験に成功しようとすると、身の回りのことにも目を向けられるようになります。

例えば、受験というのは、**一人で頑張るよりも実はみんなで頑張ったほうが成功率が高くなることがあります。**……なんて言っても、たぶんみなさんは信じないと思います。だって、一人で試験会場に向かい、試験も一人で受けなければならないのですから。

僕も以前は「受験は個人戦に決まっているじゃないか」と感じていました。でも、2浪したなかで、受かった友達と落ちた友達を両方見てきて、そのうえで「ああ、確かにな」と思うところが多いのです。

みなさんはどれくらいの期間を「受験勉強」に費やすのでしょうか？　長いと感

じる人もいれば、あっという間のように感じられる人もいるでしょう。でも、「受験生でいる時間」を人一倍体感した僕の感想としては、「思った以上に長い」です。

勉強中心で、受験というゴールを念頭において日々の生活を送る……「受験生の1分1秒」は、非常に長く感じるものです。そんな長い時間の中で、人間が一人で戦えるかと言うと、無理です。そんなことは不可能です。

僕は2浪しているため、「よくそんなにモチベーションを保つことができたね!?」と他の人からびっくりされることがあるのですが、違います。モチベーションなんて保てていません。何度も諦めましたし、何度も挫折しました。それでも合格できたのは、周りの友達の力があったからです。

友達の多いヤツが東大に合格する!

そもそも人間は、**「自分のためだけに頑張る」というだけではフルの力を発揮できない**生き物です。

僕は受験生のとき、東大を目指す仲間を100人以上見てきました。一発でパッと合格する人、僕のように2浪して合格する人、全然成績が上がらなくて結局合格できない人、途中で諦める人、惜しくも合格を逃す人、いろいろな人がいました。

そんな中で僕が知ったのは2つ。**「友達が多い人は合格しやすい」**ということ、**「他人のために頑張るヤツは強い」ということ**です。

今でも僕にとって謎の現象ですが、東大に合格する仲間というのは、学校の中でも塾の中でも予備校の中でも、「友達」が多いのです。それも、ただダべる友達ではなく、**互いに切磋琢磨し合えるような、ライバルになれるような友達の多い人が東大に合格している**のです。友達を蹴落とそうとするのではなく、周囲にいい影響を与え、「一緒に合格しよう」とする人間が強いのだと思います。

例えば、東大に合格した仲間は、よく「今の問題どうやって考えた？」「俺、こっちの解答のほうがいいと思ったんだけど」「一緒に先生に聞きに行かない？」などと友達を巻き込んで勉強していました。

簡単に言うと、**常に「学びのシェア」をしている人は、成績を上げるのがとても上手**なのです。

他の人の考えを聞いて自分の糧にすることもできるし、また、アウ

知識を独り占めせず、学びのシェアをしていこう。

トプットもできる。だからこそ、勉強したことを記憶に定着させやすかったのだと思います。

逆に、学びのシェアをしないで自分の中だけで完結させている仲間は、ことごとく失敗していました。いつの間にか塾を休みがちになり、気づいたときには志望校のランクを下げている……そんな人が多かったです。

単純な話、勉強のモチベーションが下がったときにふと隣を見ると、友達がめちゃくちゃ勉強していたらどう思いますか？　なんとなく「うわ、負けてらんないな」って気分になりませんか？　でも、隣に誰もいなかったら、「ま、別にいいか」って気になりますよね。

一歩踏み出せば仲間がいる

この本では、一歩踏み出すことの大切さを何度もお話ししてきました。

一歩踏み出したら、誰かがいます。今まで出会ったことのない誰かに出会うことができます。そのとき、その人と仲良くなれるはずです。何と言っても、その人もあなたと同じように、一歩踏み出した人だからです。その人と友達になって、**一緒に同じ道を目指し、切磋琢磨する……そうやって人間は成長していく**のです。

確かに、勉強は自分一人でやるもので、試験は自分一人で受けるものです。でも、そこに行き着くまでの過程は、**一人である必要は全くありません。みんなで前に進めば、必ず成績を上げることができる**はずです。

僕は現役時代、友達なんていませんでした。親とも先生とも険悪な状態でした。父親と喧嘩したことが何回あるか数え切れません。学校の先生も、そんな素直じゃない僕に「謙虚にならないと合格できないぞ」と話し、それに反発して先生とも喧嘩しました。

でも、不合格になって浪人したときに、「それじゃあダメなんだ」とようやく気づきました。東大に合格した仲間が、僕とは全然違って、友達と一緒に合格しようと頑張っていたのを見ていたからです。

2浪時代は、全く何の自慢にもならないのですが、「予備校の主」と呼ばれていました。自分のノートや、東大の過去問を自分なりにまとめたものをコピーして配っていたからです。そして、「みんなで合格しよう」と積極的に友達を作りました。

一つオススメなのは、**「ありがとう」と「ごめんなさい」をたくさん言うこと**です。

この2つは、自分の想いを伝える素直な言葉です。親御さんでも、先生でも、きょうだいでも友達でも、「ありがとう」「ごめんなさい」を素直にぶつけられるようになりましょう。その程度のことで、**自分の身の回りの世界って結構変わりますよ。**

周りにも目を向けると「思考力」が身につく

さて、「周り」というのは、何も人だけではありません。

僕は、**頭のいい人や世の中で活躍できる人の特徴は「何からでも学ぼうとする姿勢」がある人**だと思っています。誰かから何かを教えられなければ何かを学べないということではないのです。

例えば、電車が事故で遅れているときに、「こういうとき、電車が復旧するのを待つ人のほうが多いんだろうか？　それとも違う路線で行く人のほうが多いんだろうか？」と考えて、自分なりにその結論を出してみることだって勉強です。

そしてその経験が、今度は違うところで活かされる可能性もあります。受験当日に電車が遅延したときにどう対処するかを、その考察をもとに考えてみることで、よりよい選択肢を選べるかもしれません。

これからの時代、AIやロボットに人間が勝てるのは、「物事をつなげる思考」です。まさにこの「受験当日の電車の遅延にはどう対応するか？」という問題は、AIには出てこない発想なのかもしれません。

今後の社会で必要になってくるこうした「思考力」というのは、きっと「勉強しよう！」と一歩踏み出したときから、身につけることができるものなのだと思います。

受験って、なんとなく堅いイメージで、つまらなそうに見えるかもしれませんが、**自分で決めて「やろう！」と考えると、こんなにも自分のことを成長させてくれるきっかけになる**のです。

僕は、このきっかけをフルに活かす機会を、高校3年生のときにもらいました。恩師に「東大に行け」と言われて、そこから2浪してまで目指したからこそ、今の自分があるのだと本気で思っています。逆に、あのとき一歩踏み出そうとしていなかったら、一生何にもできないヤツだっただろうなとも思っています。

みなさんは、一人一人、そんな素晴らしい「自分を変えるチケット」を手にしているのです。10代の最後に、そのチケットを使って羽ばたいてみる。僕はそれを、強くオススメします。

今こそ人生を変えるチャンス！　一歩踏み出してみよう。

Chapter 6のまとめ

「勉強」は一番努力がしやすい分野。 3分の1の確率で1位にもなれる。何かに対して一生懸命努力した経験は、**社会に出ても必ず役に立つ。**

友達が多い人ほど東大に合格しやすい。「学びのシェア」を積極的にして、みんなで合格を目指そう。

「ありがとう」「ごめんなさい」をたくさん言って、謙虚でいいヤツになろう。

受験を通して人は大きく成長できる。10代の最後に自分と向き合って、本気で戦ってみよう！

巻末付録

現役東大生が答える受験Q＆A

人気受験マンガ『ドラゴン桜２』の総合プロデューサーや、
勉強系Webマガジン「Study-Z」の編集長を務める
現役東大生の著者が、
受験生からよく質問される内容をまとめました。
あなたの知りたい項目から読み進めてみてください。

※その他、勉強法について著者に質問がある方は、
「＃東大勉強法」でツイートするか、
「西岡壱誠の質問箱（https://peing.net/ja/nishiokaissey）」にご質問ください。

志望校がなかなか決まりません。どう決めればいいですか？

A

あなたが高校1年生だったら、とりあえず「東大」を目指しておきましょう。最初にお話ししましたが、一番高い目標を持って勉強することが大切です。

受験が迫っていて、「東大はさすがに……」と言うのであれば、いい教授のいる大学を探しましょう。本を読んだり、自分の興味がある分野の論文を調べたりして、「この先生のもとで勉強したい！」という教授を探してみてください。

ぶっちゃけた話ですが、「この大学に行きたい！」って決めるのはなかなか難しいです。なぜなら、大学というものについて想像が及ばないから。それはもう、仕方がないことです。

「この大学に行ったら幸せになれるのか？」なんてわかりません。でも、「この教授の授業を受けたら楽しそうだな」ということは、具体的で想像しやすいと思います。

だから、大学は教授で選ぶという方法も一つの選択肢として考えてみてください。

＊

文系がいいのか理系がいいのかわかりません。どう選べばいいですか？

こう選べばいい、という正解はありません。あなたの人生ですから、あなたが選びたいように選べばいいと思います。

そのうえで、これだけはオススメしないというのは「数学が苦手だから理系はやめよう」みたいな考え方です。この理由で文系を選ぶと、結構後悔する人が多いです。

「数学がイヤだから」というのはすごく短期的な理由でしかありません。将来のことを考えるのに、そんな消去法で進路を選んで成功するわけがない……ってことですね。

もっと長期的に考えてみましょう。

例えば、文系の職業と、理系の職業を思い浮かべてみてください。文系か理系かで悩んだとき、「俺、理系の職業でなりたいもの少ないな」「私、文系の職業のほうがやりたいこと多いな」などと考えてみるのです。そのほうが勉強のモチベーションも上がりますよ。

＊

Q3 勉強のやる気が全然続きません……。いい方法はありますか？

A 一ついい方法があります。この方法を実践すれば、やる気を取り戻せること間違いなしです。

単純です。寝ましょう！

睡眠をとるのです。多くの場合、ストレスや不安の原因になっているのは睡眠不足です。寝る時間が少ないと、勉強のやる気が起きないし、効率も悪いのです。

さらに、睡眠というのは積み重なっていくもの。例えば昼に2時間寝たら、その日は夜遅くまで勉強できたりしますよね？　時間をムダにしていません。

睡眠をとるとすべては「過去」の出来事になります。どんなにつらくても、どんなにやる気が起きなくても、それが過去の出来事であれば、地続きにはなりません。逆に、やる気が出るのを待って、何時間もダラダラし続けているほうがよくない状況です。

やる気の出ないときは、とにかく寝る。睡眠をとって、過去の出来事にしてしまう。一度寝てから心機一転して、新しいことに挑戦しましょう。好きな科目でも、目新しい勉強でも、何でもいいので何かにアプローチしてみてください。

＊

勉強をパッと始められず、手をつけるまで時間がかかってしまいます。

こういう人も、結構たくさんいると思います。

オススメなのは「自分との約束事を決める」というやり方です。

具体的には、「やりたくないことをこの時間にやる！」みたいな「取り決め」をするのです。例えば、「夕食後、20時からは絶対に勉強する」「夜22時からは、苦手なリスニングの勉強をする」とか。

人間は、基本的に怠惰な生き物です。サボりたいし、頑張りたくない。それはよくあることだし、みんなそんなものです。そうしたなかで、どうすれば怠惰にならず実践できるかと言えば、習慣化してしまうのが一番です。

あなたは毎日お風呂に入ると思いますが、考えてみるとお風呂って面倒ではないですか？　体を洗って、湯船に浸かって、体を拭いて乾かして…

…って結構面倒ですよね？　それでも毎日、別に苦にもせずお風呂に入っていると思います。なぜなら、「お風呂に入る」ことが習慣化しているからです。

なので、勉強も習慣にしてしまえばいいでしょう。「毎日、こうする」ということを決めて、その時間にアラームが鳴るようにでも設定しておき、日々行動するだけでいいのです。そうすれば、何の難しさもなく、その時間になったら自然と勉強できるようになります。

＊

勉強の効率が悪いです。効率のいい勉強法を教えてください！

この質問に対する回答はたくさんあります。Chapter2の要約勉強法や、Chapter5で紹介した科目別の具体的な勉強法など、効率のいい勉強法はたくさん存在するものです。

しかし、「効率をよくする方法」というのは、一つしか存在しません。それは、自分の勉強が効率的かどうか、勉強した甲斐があったかどうかを常に問い続けることです。

例えば1時間勉強した後に、「今の勉強って、自分にとってどういう意義があったんだろう?」「勉強した結果、きちんと学力は上がったかな?」「この1時間、ムダにしていなかったかな?」と考え抜くのです。

そうしたうえで、「単語帳を見ているだけで、全然覚えられてないな」とか「この数学の問題はある程度わかるようになったけど、本当に解けるかわからないな」とか、今の勉強を振り返って、身になっていない部分があれば、そこを修正するようにしましょう。

勉強は、このくり返しでどんどん効率が上がっていきます。Chapter3で紹介した「PDCA」サイクルの「C」を徹底するイメージです。これしか効率を上げる手段はありません。

部活と勉強の両立が大変です。時間がなかなか取れないのですが、1日何時間くらい勉強すればいいですか?

とりあえず、1日1時間は勉強しましょう。そして、1時間ですべてを終わらせる努力をしましょう。

東大には、部活動をしながら合格した人もたくさんいます。部活動をやっていて勉強時間が少ないことは決してマイナスにはなりません。

逆に今、部活動をやめて勉強に専念したとしても、あなたはたぶん、勉強できません。時間があったらちゃんと勉強できる、というのは幻想です。そうやって部活をやめた人の多くは落ちます。

そうならないために必要なのが、「1時間の効率を上げる」こと。1時間で勉強を終わらせるには何をすればいいか、自分で必死に考えてみるのです。

時間がある人はそんなことしませんし、できません。1時間の重みがわからないからです。

あなたは、1時間がいかに貴重な時間なのかを知っています。だからこそ、その大切な1時間をうまく使えるはずです。ぜひ、1時間の一番いい使い方を考えてみましょう！

✴

塾って行くべきですか？

A

あなた次第です。

どんなにいい先生がいても、どんなにいい授業を受けても、どんなにいい教材があっても、あなたがそれを利用しきれないのであれば何の意味もないからです。入れば成績が上がる、魔法の施設ではありませんからね。

塾に行っても志望校に合格できない人、成績が全然上がらない人はいます。逆に塾に行かなくても、成績がガッツリ上がる人もいます。

これは現役時代の僕のことですが、塾の夏期講習をたくさん取って、いい授業が受けられてとても勉強になったにもかかわらず、全然復習ができずに成績も全く上がらなかったことがありました。

要は、教えてもらったことを使えるか使えないかです。「できる」と思ったら、塾に入ってもいいんじゃないでしょうか。

✴

1日の勉強スケジュールって、どうやって作ったらいいですか？

1日のスケジュールは、先に「勉強時間」を決めてしまいましょう。

【8時〜12時…勉強、12時〜15時…休憩、15時〜19時…勉強】みたいな感じで、よくガチガチにスケジュールを組む人がいます。予定通りにできる人もいるのですが、このやり方だとうまくいかな

くなる場合が結構多いのです。

例えば、「あ〜11時までしか勉強できなかった！」「うわっ、用事が16時までかかっちゃった。どうしよう？」というように、スケジュールのリカバリーが難しいのです。ガチガチに予定を組んでいると、想定外のことが起こると対応できないし、うまくいかなくなる。

そこで、先に「どれくらい勉強するのか」だけを決めておき、あとは「どのタイミングでも、その勉強を終わらせればいい」という方法をオススメします。次の３ステップで、自分の勉強スケジュールを組み立ててみましょう。

①勉強時間、睡眠時間、休憩時間の配分を決める。
②次に、勉強時間で、何を終わらせるかをある程度決めておく。
③いつ、どのように勉強して睡眠をとるかは自由にして、その決められた時間配分だけ守る。

ちなみに、オススメの時間配分はこんな感じです。

●高校２年生以下

勉強時間：平日 ２〜３時間／休日 ７〜９時間
睡眠時間：平日・休日ともに７〜８時間
休憩時間：平日 11〜13時間（学校の時間を含む）／休日 ７〜10時間

●高校３年生

勉強時間：平日 ４〜５時間／休日 ９〜11時間
睡眠時間：平日・休日ともに７〜８時間
休憩時間：平日 ９〜11時間（学校の時間を含む）／休日 ５〜８時間

注意点ですが、睡眠時間だけは削らないようにしましょう。また、勉強は机に座らなくても、行き帰りの電車や歩きながらの復習も含めてできるはずなので、それで勉強時間を稼ぐようにしてください。

＊

夏休みにオススメの勉強法ってありますか？

そうですね、まずはQ８に書いたように、「勉強時間」を先に決めてしまいましょう。

夏休みって、際限なく遊んでしまいがちで、勉強が全然できていない……なんてことも結構あります。そうならないように、勉強時間だけ先に決めておくのはいかがでしょうか。夏休みの目安は、これくらいです。

●夏休み

勉強時間：５～７時間
睡眠時間：７～８時間
休憩時間：９～12時間

また、Chapter４で紹介した付箋を使った「逆算勉強法」の効果が発揮されるのもこの時期です。

８月31日までに何の勉強を終わらせておきたいかを箇条書きにし、それを付箋にして、１枚１枚ていねいに剝がしていくのです。８月31日までに終わらせるべきことをすべてやり終えたら、きっとその夏休みは、かなり効率のいい勉強ができたと言えるのではないでしょうか。

＊

各教科、やっておくといいオススメの参考書を教えてください！

正直な話、参考書はどれを選んでもいいと思います。いい参考書でも、それを利用できなければ意味がないですから。その前提でいろいろ紹介しておきます。

●数学：『チャート式 基礎からの数学』シリーズ（数研出版）※基本的に青チャートを完璧にすればOK。／『文系数学の良問プラチカ』シリーズ（河合出版）

●**英単語**：『鉄緑会東大英単語熟語　鉄壁』（角川学芸出版）

●**英文法**：『成川の深めて解ける！英文法』シリーズ（学研プラス）／『英文法・語法のトレーニング』シリーズ（Z会）

時間がない人、復習に使いたい人は『Next Stage英文法・語法問題』（桐原書店）がオススメ。

●**英語長文**：『英文問題精講』シリーズ（旺文社）

問題数をこなしたい人は『やっておきたい英語長文』シリーズ（河合出版）がオススメ。

●**現代文**：『現代文キーワード読解』（Z会）／『入試現代文へのアクセス 基本編』（河合出版）

●**漢字**：『生きる漢字・語彙力』（駿台文庫）

●**古文単語**：『速読古文単語』（Z会）／『速読古文常識』（Z会）

●**古典文法**：『望月光の古文教室 古典文法編』（旺文社）

●**漢文**：『漢文ヤマのヤマ』（学研マーケティング）

●**世界史・日本史**：教科書を基本にしながら、『一問一答』シリーズ（ナガセ）などの短答型問題集で補強。二次試験で使う場合は、『実力をつける100題』シリーズ（Z会）などの記述問題対策をしておく。『荒巻の新世界史の見取り図』シリーズ（ナガセ）などの読み物もオススメ。

●**地理**：『村瀬のゼロからわかる地理B』シリーズ（学研プラス）を読みつつ、二次試験で使う場合は『大学入試 地理B論述問題が面白いほど解ける本』（KADOKAWA）で補強していくのがオススメ。

●**生物**：『はじめからていねいに』シリーズ（ナガセ）で基礎を固めつつ、二次試験で使う場合は『大森徹の最強講義117講 生物』（文英堂）がオススメ。

●**物理**：『大学入試 漆原晃の物理が面白いほどわかる本』シリーズ（KADOKAWA）で基礎を固めつつ、二次試験で使う場合は『良問の風 物理頻出・標準入試問題集』（河合出版）がオススメ。

●**化学**：教科書で基礎を固めつつ、不安があれば『大学入試 亀田和久の化学が面白いほどわかる本』

シリーズ（KADOKAWA）で補強。二次試験で使う場合は、『入試標準問題集 化学基礎・化学』（文英堂）や『化学 入試の核心』（Z会）がオススメ。

●**地学**：教科書で基礎を固めつつ、不安があれば『安藤雅彦 地学基礎講義の実況中継』（語学春秋社）で補強。二次試験で使う場合は、各大学の傾向を見て対策を練る必要がある。

＊

先生の言っているやり方が自分には合っていないように感じる。やめたほうがいい？

A 勉強はどんな方法でも、努力すれば成績は上がるはずです。

「何でもやってみれば成績は上がる」と言いますが、これは本当にそう。やって上がらないわけがないというか、努力すれば成績なんてどの方法でも確実に上がります。それが早いか遅いかとか、自分に合っているかどうかとか、そういう違いはあれど、やり続ければ成績は上がらないことがないのです。

それを前提に、質問の回答です。

「先生のやり方が自分に合っていないと感じる」のであれば、2つの考え方があります。一つは「どんなやり方でも成績は上がるんだから、もう少し続けてみる」。もう一つは、「どんなやり方でも成績は上がるんだから、他の方法を試してみる」という考え方です。

本当にもうイヤなのであれば、他の方法を試してもいいと思いますが、僕としては3カ月くらい続けてみるのがいいと思います。3カ月間続けて、「これやっぱり合ってないよ」ということであれば、もうやらなくてもいいです。

勉強が結果になって出てくるには、3カ月くらいはかかります。どんなにつらくても3カ月くらいは続けてみるのがいいでしょう。

＊

自分の今の学力と、志望校の距離が遠いです。諦めたほうがいいですか？

A

これは時期によります。高校2年生以下の人だったら、僕は「まだ諦めるのは早すぎると思う」と言います。

確かに、現実的に考えて、さすがにもう諦めたほうがいい時期というのもあるかもしれません。それを判断するのは、「高校3年生の8月31日」だと思います。9月になったら、志望校の過去問を解いていかないといけません。だから、8月までの模試の結果を受けて、8月31日に決めましょう。

ただ、個人的には、最初に狙っていた志望校は極力替えないほうがいいと思っています。よくあるパターンとして、「学力が直前になってガッと伸びる」ことがあります。勉強した次の日すぐに結果が出るわけでなく、勉強したことが定着してきた1～2カ月後にようやく結果になって現れてくることもあるのです。

オススメなのは、第2志望を確実に受かるようにしておくこと。そして、一番避けるべきなのは、第1志望に固執しすぎて、どこにも受からなくなることです。

第2志望を受かるようにしたうえで、第1志望も捨てきらないでおく。これが一番いいと思います。

僕は現役のとき、東大しか見えていませんでした。でも2浪して、「今年こそは、第2志望も合格しよう」と考えて勉強し、第2志望の早稲田大学に合格することができました。そして、「落ちたら早稲田に行こう」という安心感もあったからか、第1志望の東大に無事合格できたのです。

＊

大学のオープンキャンパスに行こうと思います。どこを見ればいいですか？

もっとも見るべき場所は「食堂」です。

なぜなら、オープンキャンパスはお祭り事であり、用意されたものでしかないからです。

例えば、あなたは高校を選ぶときに運動会の楽しそうなシーンを見て選びますか？　それとも、普段の授業の風景を見て選びますか？

運動会のほうが大事だという人もいるかもしれませんが、たいていの人は普段の授業風景を見たいはずです。運動会なんて1年に1回の非日常の出来事。逆に、授業は毎日のこと。運動会よりも授業のほうが大切だと思います。

だから、オープンキャンパスで「用意された通りに」授業を受けたり、人と話してもあまり意味がありません。それはあくまでも非日常の出来事です。

食堂は、日常を表します。その食堂を使っている先輩方の話している内容が楽しそうだったり、会話に混ざりたいと感じるのであれば、その大学を楽しめるということではないでしょうか。

＊

2020年度からの入試では、どんなことが問われるのですか？

気になる人は、合田哲雄先生の本『学習指導要領の読み方・活かし方』(教育開発研究所)を読んでみたり、「独立行政法人 大学入試センター」のホームページから問題例を見てみたりしましょう。HP上で、平成29年度と平成30年度に行われたプレテストを公開しています。「百聞は一見に如かず」で、ちゃんと自分の目で見て、解いてみるのが一番手っ取り早い方法です。

僕は、あまり難しく考える必要はないと思っています。なぜなら、既存のセンター試験からガッツリすべてが変わる、ってことではないですから。

とにかくまずは、センターレベルの知識を詰め込んでおきましょう。

そのうえで、「社会に出たときに、勉強をどう活かすか」という姿勢も問われます。初めにお話しした通り、それは東大が70年間ずっと問い続けていることなので、東大入試を覗いてみれば自ずと理解できるようになると思います。

＊

Q15 学歴ってそんなに大切なんですか？ 勉強する意義がわかりません。

A こういう質問をする学生が非常に多くなっていますね。

はっきり言いますが、学歴があってもうまくいかない人なんてたくさんいます。東大に入っても、早稲田大学に入っても、それ以外の大学でも、うまくいく人はいくし、うまくいかない人はいかない。そんなものです。

でも、学歴は、あって困るものではないのです。あるのとないのとでは、あったほうがいいのは明らかです。

「学歴社会が否定されている」と言いますが、別に学歴が必要なくなったということではありません。「学歴ぐらい持っていないと、めっちゃ困る」ということです。

これは勉強以外でも、どんな分野に関してもそうですが、「いざというときに努力できる人間」でないと、社会に出てから苦労します。中途半端で、何の努力もしてこなかった人間は、絶対に負けます。なぜなら、努力の仕方を知らないからです。

とにかく前に進みましょう。それが、あなたに求められていることであり、そうできるようになれば、必ず社会に出てからも負けない人間になると僕は思います。

東大ロード心得13

最後に、マンガの中で紹介した
「東大ロード」を抜粋して紹介します。
心が折れたときなど、
何度でもくり返し読んでみてください。

心得　その1

目標は「てっぺん」に定めよう。「あり得ない！」と思うくらいの高い目標を持つことで、勉強に熱くなれる。努力を努力に感じなくなる。

心得　その2

東大に入るための最大のポイントは「東大に行こう」と思うこと。意識が変われば行動が変わる。明日が変わり、未来が変わる！

心得　その3

授業を受けるときは、後で「アウトプット」するつもりで「インプット」する。この意識だけで、授業の時間ははるかに濃密になる。

心得　その4

国語力を高めることがすべてに通じる。自分の言葉で短く言い換えられるようになって初めて「理解した」と言える。この「要約力」が高まると、すべての成績が急上昇するはず！

心得　その5

要約は、キーワードをうまく使って説明することを意識しよう。つまり、授業や読書ではキーワードを素早くピックアップして、全体の流れを把握することが大切。

心得　その6

勉強はとにかくやるしかないし、「やれば成績は上がる」。少しでも興味のある分野からとにかく手をつけること。それで成績が上がることを早く体験して理解しよう。

心得　その7

最初から自分に合ったベストな勉強法を知ることは不可能。とにかく何かやってみて、そこから得たものを手がかりにしよう。PDCAサイクルは「Do」からスタート。手当たり次第でもOKだ。

心得　その8

勉強には必ず目標を設定しよう。ただし、「C」をしっかり行うために、必ず数値にすること。最初は「参考書を1ページ進める」「机に10分向かう」などでもかまわない。一定期間クリアできたら、少しずつレベルを上げていこう。

心得　その9

緻密な計画は必ず破綻する。「スケジュールは崩れるもの」という前提で、計画を立てよう。「計画が遅れたときに対応する日（予備日）」もスケジュールに組み込むこと。

心得 その10

「1週間でこれを終わらせる」くらいの大まかな計画を決めたら、具体的に何をやるかは、そのときに考えながら選べるようにしたほうがいい。すると、単元ごとの効果的な学習方法が見えてくる。

心得 その11

東大に合格する人は「東大に合格したい」ではなく、「東大で学んで○○をしたい」と、その先の目標も意識している。「学んだことを社会に役立てたい」という気持ちはとても大切だ。

心得 その12

自分のやりたいことを犠牲にする必要はない。むしろ「自分にとって大事なもの」との両立を工夫して、時間や集中力の使い方を研究しよう。

心得 その13

東大はなぜか「いいヤツ」が合格する！ 実力十分なのに落ちた人の中には「性格のせいで落ちた」という人も多い。知識を独り占めして、仲間を蹴落とそうとする人に勝利の女神は微笑まない。まずは人間を磨こう。

おわりに

最後に、みなさんは日本に生まれてすごく幸福だという話をさせてください。何と言っても、日本の入試だけなのです。「大逆転」が可能なのは。

アメリカでもイギリスでも、入試システムの関係上、「逆転」することができません。何回も何回も試験を受けて、その結果が大学入試に反映されるのです。

しかし、日本の大学入試はたった2回だけ。センター試験と二次試験の2回でいい点数さえ取れれば、実は誰でも東大に合格できるのです。それも、3分の1の確率で、です。

みなさんの周りには「なれません」という線はないのです。この本を読んで、一歩踏み出してもらえたら、僕は嬉しいです。

2019年9月　西岡壱誠

【著】西岡壱誠
（にしおか・いっせい）
現役東大生。歴代東大合格者ゼロの無名校で学年ビリだったが、ひょんなことから「偏差値35からの東大受験」を決意。2浪が決まり危機的状況に陥るも、最強の勉強法にたどり着いてあらゆる科目の成績が飛躍的に向上。東大模試で全国4位を獲得し、逆転合格を果たす。現在、東大で40年以上の歴史を持つ書評誌『ひろば』の編集長、人気受験マンガ『ドラゴン桜2』（講談社）の総合プロデューサー、2019年5月にリリースされた勉強系Webマガジン「Study-Z」の編集長を務めるなど、多方面で活躍している。主な著書に、累計26万部を突破した『東大読書』『東大作文』（東洋経済新報社）のほか、『現役東大生が教える「ゲーム式」暗記術』『東大生が教えるずるいテスト術』（ダイヤモンド社）、『現役東大生の世界一おもしろい教養講座』（実務教育出版）などがある。

作画：
ひなた水色

シナリオ：
裏柳すず

カバーデザイン：
小口翔平＋山之口正和（tobufune）

本文デザイン：
UD-ONE

著者エージェント：
アップルシード・エージェンシー

編集：
丸山祥子（幻冬舎）

マンガでわかる
東大勉強法

2019年9月20日　第1刷発行
2021年3月 5 日　第5刷発行

著　者　西岡壱誠
発行人　見城 徹
編集人　中村晃一

発行所　株式会社 幻冬舎　GENTOSHA
〒151-0051　東京都渋谷区千駄ヶ谷4-9-7
電話　03（5411）6215（編集）
　　　03（5411）6222（営業）
　　　振替 00120-8-767643

印刷・製本所　近代美術株式会社
検印廃止

Printed in Japan
ISBN 978-4-344-99256-6　C0095

ホームページアドレス
https://www.gentosha-edu.co.jp/
この本に関するご意見・ご感想をメールでお寄せいただく場合は、
info@gentosha-edu.co.jp まで。